W0186770

Christopher A. Runge | Martin Užík | Konstantin von Reden-Lütcken

ALTERNATIVE WEGE DER UNTERNEHMENSFINANZIERUNG – simplified

TITEL DER SIMPLIFIED-BUCHREIHE WWW.SIMPILIFIED.DE

Herbert Autengruber
Aktienfonds für jedes Anlageziel

Holger Bengs | Mike Bayer
Investieren in Biotechnologie

Norbert Betz | Ulrich Kirstein
Börsenpsychologie

Andreas Braun
Social Trading

Pierre M. Daeubner
Alles, was Sie über Technische Analyse wissen müssen

Ed Downs
Die besten Chartmuster

Georg Eckert
Die Privatanlegerbibel

Judith Engst
Erben und vererben

Horst Fugger
Börsen-Lexikon

Lars Gottwik
Rainbow-Trading

Peter Hasler
Unternehmensanleihen

Markus Jordan
Zertifikate

Jay Kaeppel
Die 4 größten Fehler beim Handel mit Optionen

Dennis Metz
Devisenhandel

Markus Miller
Abgeltungssteuer – nein danke!

David Morgan
Insiderwissen: Silber

Klaus Mühlbauer
Die 111 wichtigsten Fragen zur Vermögensanlage

John J. Murphy
Charttechnik leicht gemacht

Oliver Paesler
Technische Indikatoren

Melvin Pasternak
Die 21 wichtigsten Candlestick-Formationen

Richard Pfadenhauer
Alles, was Sie über Derivate wissen müssen

Michael J. Plos
Daytrading

Georg Pröbstl
Die besten Dividendenstrategien

Michael Proffe
Die besten Trendfolgestrategien

Stefan Riße
CFDs

Karin Roller
Kursziele bestimmen mit Fibonacci

Arne Sand | Max Schott
Cashflow Investing

Raimund Schriek
Besser mit Behavioral Finance

Daniel Schütz
Trading für Einsteiger

Norman Schwarze
Investieren in Gold

André Tiedje
Elliott-Wellen leicht verständlich

Martin Voigtmann
Geschlossene Fonds

Mikael Henrik von Nauckhoff
Sicher mit Anlagemetallen

Michael Vaupel
Mehr Geld verdienen mit Rohstoffen

Harald Weygand
Short Selling

Daniel Wilhelmi
Emerging Markets

Daniel Wilhelmi
BRIC ist die Zukunft

Hrsg: Christopher A. Runge | Martin Užík | Konstantin von Reden-Lütcken

ALTERNATIVE WEGE DER UNTERNEHMENS-FINANZIERUNG

FBV

simplified

Redaktion: Ulrike Kroneck, Melle-Buer
Korrektorat: Leonie Zimmermann, Kaufering
Satz: Georg Stadler, München
Druck: Konrad Triltsch GmbH, Ochsenfurt
Printed in Germany

1. Auflage 2014

Nymphenburger Straße 86
80636 München
Tel. 089 651285-0
Fax 089 652096
info@finanzbuchverlag.de

Für Fragen und Anregungen:
runge@finanzbuchverlag.de

Bibliografische Information der Deutschen Nationalbibliothek: Die Deutsche Nationalbibliothek verzeichnet diese Publikation in der Deutschen Nationalbibliografie; detaillierte bibliografische Daten sind im Internet über **http://d-nb.de** abrufbar.

ISBN Print 978-3-89879-683-5
ISBN E-Book (PDF) 978-3-86248-448-5
ISBN E-Book (EPUB, Mobi) 978-3-86248-417-1

www.finanzbuchverlag.de
Beachten Sie auch unsere weiteren Verlage unter
www.muenchner-verlagsgruppe.de

Inhalt

simplified

1 Einführung: Was dieses Buch will

Von Christopher A. Runge

»Wege entstehen dadurch, dass man sie geht.« Franz Kafka

In Anlehnung an das »wegweisende« Zitat Franz Kafkas und angesichts der aktuellen Reformen im Bankenwesen soll es in diesem Buch um neue bzw. alternative Wege der Unternehmensfinanzierung gehen. Die Autoren verfolgen dabei das praxisnahe und handlungsorientierte Ziel, bankenunabhängige Wege der Unternehmensfinanzierung aufzuzeigen, wobei Chancen und Risiken für Unternehmer und potenzielle Investoren ganzheitlich betrachtet werden.

Nicht zuletzt die einschneidende Finanzkrise aus dem Jahre 2008 hat die Rahmenbedingungen mit Blick auf die Unternehmensfinanzierung zum Teil fundamental verändert. Bis heute lässt sich der finanzielle Schaden nicht genau beziffern (der Internationale Währungsfonds geht in einem Bericht aus dem Jahre 2009 von 3400 Milliarden Dollar aus), doch die Folgen für die Unternehmensfinanzierung waren, sind und werden durch die Beschlüsse rund um Basel III besonders für den deutschen Mittelstand greifbar.

Die Notenbanken haben zunächst das Finanzsystem zur Stützung mit billiger Liquidität geflutet. Infolge von Gewinnrückgängen, hohen Abschreibungen durch faule Papiere und des Ausbaus der Eigenkapitaldecke (Basel III) werden Banken eine weitaus restriktivere Kreditvergabepolitik betreiben – was für viele Unternehmen deutlich höhere Refinanzierungskosten oder im schlimmsten Falle sogar das Fehlen von notwendiger Liquidität bedeuten kann. Die Finanzkrise hat Banken in drastischer Weise veranschaulicht, wie sich eine fehlerhafte Risikoeinschätzung auswirken kann. Als Folge der Krise herrscht in vielen Bankinstituten eine starke Risikoaversion bei der Kreditvergabe. Die Furcht vor Kreditausfällen ist gestiegen, weshalb Unternehmen in Zukunft transparenter werden müssen, um an Bankkredite zu kommen. Oder aber sie gehen neue, bankenunabhängige Wege der Unternehmensfinanzierung. Wie das geschehen kann, wird in den einzelnen Kapiteln des Buches praxisnah nachgezeichnet.

Im Übrigen müssen sich auch viele Banken als Folge der Krise immer noch konsolidieren. Die Beschlüsse zu Basel III, die einen zukünftigen Kollaps von Banken bzw. des ganzen Systems verhindern sollen, werden ihr Übriges tun, um die Kreditverknappung für Unternehmen weiter voranzutreiben. Nach der Lektüre dieses Buches sollen Unternehmer und Interessenten wissen, wie sie einer drohenden Kreditklemme entgehen können und wie die finanzielle Basis eines Unternehmens gesichert werden kann, ohne die grundsätzliche Entscheidungsfreiheit zu verlieren.

Basel III und die Folgen: Ein Blick auf die wirtschaftliche Wirklichkeit in Deutschland

Bis vor einigen Jahren haben sich kleine und mittelständische Unternehmen hierzulande vor allem mit Bankkrediten oder langfristigen Darlehen finanziert, was auch die geringe Eigenkapitalquote (unter 20 Prozent) vieler deutscher Unternehmen im internationalen Vergleich widerspiegelt. Die Voraussetzungen, um Fremdkapital von Banken zuverlässig und betriebswirtschaftlich sinnvoll einfließen zu lassen, haben sich seit Ausbruch der Finanzkrise deutlich verschlechtert. Schon aufgrund der Beschlüsse zu Basel II haben Banken die Kapitalstruktur von Unternehmen zunehmend kritischer im Hinblick auf Risiken betrachtet. Die Vorgaben zu Basel III werden das Kreditvergabeverhalten noch restriktiver werden lassen, womit für viele Unternehmen hierzulande Liquiditäts- oder Finanzierungsengpässe Realität werden können.

Die als Konsequenz der Folgen der Finanzkrise aus dem Jahre 2008 getroffenen Beschlüsse zu Basel III, die im Buch noch näher erläutert werden (siehe Kapitel 2), sehen vor, dass sich Banken mit mehr hartem Eigenkapital ausstatten müssen, sodass etwaige Verluste zukünftig besser (d. h. auch ohne Staatshilfen und Steuergelder) abgefedert werden können. Aktuelle Studien zeigen, dass die ab 2013 schrittweise in Kraft tretenden Beschlüsse das Wirtschaftswachstum dämpfen und die Finanzierungskosten von Unternehmen in die Höhe treiben können. Infolge einer stringenteren Risikobewertung und einer pauschalen Erhöhung der Eigenmittelanforderungen werden viele mittelständische Unternehmen ihre bisher gewählten Finanzierungswege nicht mehr wie gewohnt gehen können.

Zukunft proaktiv gestalten: Es lohnt sich, neue Wege der Unternehmensfinanzierung zu gehen

Die Autoren dieses Buches, die alle über einen reichen Erfahrungsschatz aus der Wirtschaftspraxis verfügen, wollen die derzeitige Situation als herausfordernde Gestaltungsmöglichkeit verstanden wissen. Es gilt, neue Wege der Unternehmensfinanzierung zu bestreiten, um Basel III gar nicht erst zur Bedrohung werden zu lassen. Offensichtlich ist jedoch, dass vor dem Hintergrund der Konsequenzen der weltweiten Finanzkrise viele mittelständische Unternehmen in Deutschland ihre Strategien überdenken und an die geänderte Ausgangslage langfristig anpassen müssen.

Dieses Buch gibt konkrete, praxisrelevante Antworten und es zeigt als eine Art Kompass moderne, bankenunabhängige Wege der Unternehmensfinanzierung auf, die vor allem für den Mittelstand von Bedeutung sind. Längst haben vielversprechende Finanzierungsmöglichkeiten wie Beteiligungen, Mezzanine-Kapital, Leasing oder Factoring in vielen Fällen zu neuen Handlungsoptionen geführt. Dieses Buch möchte Entscheidungsträgern eine konkrete Hilfestellung sein, um das Unternehmen von innen heraus zu neuer Stärke zu führen. Durch die Erhöhung von Privateinlagen oder eine nachhaltige Gewinnthesaurierung wird nicht nur die finanzielle Solidität erhöht, auch wirkt das Unternehmen so nach außen attraktiver für potenzielle Investoren.

Bankenunabhängige Finanzierungswege konkret und praxisnah

Dieses Buch ist von den mitwirkenden Finanzierungsexperten mit großem Engagement initiiert worden, um die aktuelle Situation strategisch zu nutzen, statt sie in Passivität verharrend als Bedrohung zu verstehen. In den folgenden Kapiteln werden unterschiedliche und praxiserprobte Wege einer bankenunabhängigen Unternehmensfinanzierung beispielhaft aufgezeigt, mit denen eine langfristige Finanzierungsstrategie ermöglicht wird. Unternehmen und Investoren erhalten einen leicht verständlichen Überblick über moderne und zeitgemäße Formen der Unternehmensfinanzierung neben der klassischen Kreditversorgung durch Banken. Der thematische Schwerpunkt wird hierbei auf die Bereiche *Börsengang* und *Unternehmensanleihe* gesetzt, wobei aber auch diese Formen keinesfalls nur großen und börsennotierten Unternehmen offenstehen.

Zukunftsfähige Wege aufzeigen und unternehmerische Spielräume schaffen

Der Anspruch dieses Buches ist, relevantes unternehmerisches Wissen praxisnah und leicht verständlich darzustellen. Neben theoretischen Betrachtungen soll es um ein Höchstmaß an Praxisnähe gehen, sodass Leser strategische Optionen bzw. Handlungsalternativen ableiten können. Das Buch führt verständlich in Formen der Unternehmensfinanzierung ein, die für viele »traditionell« agierende Unternehmer neu sind, ohne dabei jedoch darauf zu verzichten, auch konsequent mögliche Risiken zu beleuchten. Für Anleger ist die Lektüre empfehlenswert, denn sie erfahren mehr über ihre Rechte und spannende Geschichten über Erfolg und Scheitern, Risikoszenarien und Erfolgsaussichten. Und schließlich möchte dieses praxisnahe Buch Marktteilnehmern und Wertpapierhändlern rechtliche Verhältnisse unmissverständlich klarmachen, die oftmals auch vermeintlichen Experten nicht vollends bewusst sind.

Leitfaden durch die modernen Möglichkeiten der Unternehmensfinanzierung

Zu Beginn wird in Kapitel 2 die aktuelle Problematik rund um Basel III eingehend analysiert: Inwiefern ist *der Mittelstand betroffen? Welche Konsequenzen und Handlungsempfehlungen ergeben sich hieraus unmittelbar? Kapitel 3 führt in das nötige Grundwissen zur Unternehmensfinanzierung ein, um die vorgeschlagenen Wege besser nachvollziehen und einordnen zu können. In Kapitel 4 werden sodann die Möglichkeiten eines Börsenganges ganzheitlich beleuchtet, wobei der Schwerpunkt auch auf die rechtlichen Rahmenbedingungen gelegt wird. Der Gastbeitrag von Daniel Fischer (Kapitel 5) widmet sich der wirtschaftlichen Wirklichkeit und stellt die Problematik von Missbrauchsrisiken bei der Unternehmensfinanzierung in den Mittelpunkt. Das Kapitel 6 stellt mit Crowdfounding bzw. Crowdinvesting innovative Wege der Unternehmensfinanzierung vor. In Kapitel 7 erläutern Dominik Senn und Martin Užík das Konzept der SPACs. In Kapitel 8 stehen die Mittelstandsanleihen als alternative Finanzierungswege für den Mittelstand im Fokus. Der Gastbeitrag stammt von Mareike Hermann und Martin Užík und enthält zahlreiche Praxistipps für die Umsetzung. In Kapitel 9 stellen Andreas Ruepp und Martin Užík dar, wie EU-Fördermittel in puncto Unternehmensfinanzierung eingesetzt werden können, bevor es im folgenden Kapitel 10 um zentrale steuerliche Aspekte geht, die zu beachten sind. Die beiden abschließenden Kapitel 11 und 12 beschäftigen sich mit der »***äußeren Erscheinung***«, die für das notwendige Vertrauen bei Investoren und somit für die Kapitalgewinnung erfolgskritisch ist. Hier erfahren Leser, welches Potenzial Wertpapierprospekte entfalten können und welche professionellen Maßstäbe für ein effizientes und reichweitenstarkes Investor-Relations-Management angelegt werden sollten. Komplettiert werden die Betrachtungen durch ein kompaktes Fazit und die Einbindung von Erfolgsbeispielen, die an dieser Stelle zeigen sollen, dass die aufgezeigten neuen Wege der bankenunabhängigen Unternehmensfinanzierung mit einem gut justierten Kompass erfolgreich gegangen werden können.*

simplified

2 Aktuelle Problematik und Ausgangslage für neue Finanzierungswege: Basel III und seine Folgen

Von Christopher A. Runge

Das ab 2013 schrittweise in Kraft tretende Maßnahmenpaket *Basel III* darf ohne Übertreibung als eine der bedeutendsten Finanzreformen der letzten Jahrzehnte bezeichnet werden. Es ist die konkrete gesetzgeberische bzw. regulatorische Antwort der G20-Staaten auf die globale Finanzkrise, die mit dem Platzen der Immobilienblase in den USA begonnen hat. Banken werden hierdurch zu mehr Disziplin gezwungen und so in ihrer Entscheidungsfreiheit eingeschränkt. In diesem Kapitel sollen die Maßnahmen rund um Basel III zunächst vorgestellt werden, um sodann die Situation des Mittelstandes in Deutschland und konkrete Konsequenzen zu beleuchten.

Worin besteht die Quintessenz der Beschlüsse zu Basel III? Anknüpfend an die Vorgängerregelungen Basel I und II soll es darum gehen, Banken dazu zu verpflichten, in Zukunft mehr hartes Eigenkapital (Kernkapital) aufzubauen, das als Puffer in Krisenzeiten dienen soll – ohne dass es staatlicher Stützmaßnahmen bedarf, wie sie die Welt im Rahmen der Finanzkrise nach dem Kollaps von *Lehman Brothers* erleben musste. Das gesamte Bankensystem soll stabilisiert werden und letztlich belastbarer sein, denn die weltweite Finanzkrise hat deutliche Schwächen des Bankensystems offenbart.

Als kritisch erwiesen hat sich während der Akutphase der Krise die zu geringe Eigenkapitaldecke vieler Banken bei gleichzeitig zu hohem Verschuldungsgrad. Ein weiteres Problem, das zu verheerenden Ansteckungseffekten führen kann, besteht darin, dass sich Banken auch untereinander große Geldsummen geliehen haben. Fallen große Forderungen aus, dann stehen schlecht aufgestellte Banken unmittelbar vor dem Bankrott.

Inhalte und Ziele des Reformpaketes Basel III

Kompakt zusammengefasst lässt sich festhalten, dass mit Basel III eine Erhöhung der Eigenkapitalausstattung von Banken erreicht werden soll. Die Regelungen schreiben Banken vor, welche Kapitalreserven schrittweise eingehalten werden müssen. Nach den bisher geltenden Standards gemäß Basel II mussten Banken ein sogenanntes Kernkapital in Höhe von 4 Prozent aufweisen, das eine Art Reserve bzw. Puffer in finanziellen Notphasen darstellt. Basel III sieht nun vor, dass neben einer schrittweisen Erhöhung der Eigenkapitalquote auch deren Zusammensetzung stringenter kontrolliert werden soll. Daher muss in Zukunft der Großteil aus »hartem« Kernkapital bestehen, worunter Stammaktien und Gewinne zu zählen sind.

Nach den ab 2013 sukzessive in Kraft tretenden Bestimmungen muss eine Bank mindestens Eigenkapital in Höhe von 8 Prozent der Risikopositionen aufweisen können. Andernfalls ist die Bankenaufsicht dazu berechtigt, Gegenmaßnahmen zur Abwendung einer finanziellen Schieflage anzuordnen. Basel III bewirkt somit eine Neustrukturierung des Eigenkapitals, wobei vor allem dem harten Kernkapital eine Schlüsselrolle für mehr Stabilität im Finanzsystem zukommen soll. Waren bisher nur 2 Prozent hartes Kernkapital vorgesehen, so erhöht sich dessen Volumen mit Basel III auf 4,5 Prozent. Hinzu kommt ein sogenannter Kapitalerhaltungspuffer in Höhe von mindestens 2,5 Prozent, der verhindern soll, dass in akuten Krisenfällen wie 2008 die Kapitaldecke zu schnell aufgefressen wird.

Ein Reformkonzept mit weitreichenden Auswirkungen für die mittelständische Unternehmensfinanzierung

Mit dem Begriff »Basel III« ist ein Reformpaket gemeint, das vom Basler Ausschuss der BIZ (Bank für Internationalen Zahlungsausgleich) als Reaktion auf die in den USA ausgelöste Finanzkrise ins Leben gerufen wurde. Mit dem schrittweisen Inkrafttreten ab 2013 sollen die offensichtlich gewordenen Schwächen der Bankenregulierung beseitigt werden. Bereits im Dezember 2010 ist die endgültige Fassung der Beschlüsse zu Basel III veröffentlicht worden, wobei allerdings verschiedene Aspekte noch diskutiert und ggf. abgeändert werden.

In der Europäischen Union soll die Umsetzung über eine Neufassung der *Capital Requirements Directive* erfolgen. Diese wird ab 2014 schrittweise in Kraft treten. Ziel dieses Maßnahmenpaketes soll es sein, die Eigenkapitalbasis von Banken zu erhöhen und insgesamt für mehr Transparenz zu sorgen. Im Zuge der akuten Finanzkrise, bei der weltweit Staaten Banken vor dem Kollaps mit Steuergeldern stützen mussten, hat sich gezeigt, dass der Bankensektor nicht genügend Eigenkapital besitzt, um Verluste abfedern zu können.

Als Hauptziel dieses Reformpaketes können die Einschränkung der Haftung durch Staaten bzw. Steuerzahler sowie eine nachhaltige Stabilisierung des Finanzsystems angesehen werden. Laut offiziellen Verlautbarungen soll auch eine Kreditverknappung vermieden werden. Hierin zeigt sich jedoch eine große Gefahr der gefassten Beschlüsse, die ebenfalls von zahlreichen Ökonomen kritisiert werden.

Kritikpunkte und mögliche Auswirkungen auf die Unternehmensfinanzierung

Banken bewerten insbesondere die Erhöhung der Eigenkapitalquote als kritisch, zumal sich durch die vorgesehene Konsolidierungspflicht für Tochterunternehmen weitere finanzielle bzw. bilanzielle Belastungen ergeben können. In Bezug auf deutsche Banken wurde geäußert, dass diese mehr als 100 Milliarden Euro an Eigenkapital aufbauen müssten, was im schlimmsten Falle mit einem Kreditabbau in einer Größenordnung von 1000 Milliarden Euro enden könnte.

Derweil herrscht unter renommierten Ökonomen eine durchaus kritische Diskussion, ob die Vorschriften zur Erhöhung der Eigenkapitalbasis überhaupt eine effektive Hilfe sind. So findet sich vielfach die Auffassung, dass ein besseres Risikomanagement und eine effizientere und entscheidungsfähigere Bankenaufsicht wohl eine effektivere Lösung darstellen würde.

Ab wann treten die Regelungen in Kraft?

Die Umsetzung der neuen Regelungen zu Basel III hat bereits ab dem 1.1.2013 begonnen. Die definierten Kriterien müssen nun schrittweise bis zum Jahr 2019 erfüllt werden. In der folgenden Grafik können alle Anforderungen für jedes Jahr konkret verfolgt werden:

	2011	2012	2013	2014	2015	2016	2017	2018	Per 1. Januar 2019
Höchstverschuldungsquote (Leverage Ratio)	Prüfungsphase		Beobachtungsphase 1. Januar 2013 - 1. Januar2017 Offenlegung ab 1. Januar 2015					Integration in Säule 1	
Mindestanforderungen für hartes Kernkapital			3,5 %	4,0 %	4,5 %	4,5%	4,5 %	4,5 %	4,5%
Kapitalerhaltungspolster						0,625 %	1,25 %	1,875 %	2,50 %
Mindestanforderungen für hartes Kernkapital plus Kapitalerhaltungspolster			3,5 %	4,0 %	4,5 %	5,125 %	5,75 %	6,375 %	7,0 %
Schrittweise Erhöhung der Abzüge vom harten Kernkapital (einschl. Beträge über dem Grenzwert für vorgetragene Steuerrückerstattungen,Bedienungsrechte von Hypotheken und Anlagen in Finanzwerten)				20 %	40%	60 %	80 %	100 %	100 %
Mindestanforderungen für Kernkapital			4,5%	5,5 %	6,0 %	6,0 %	6,0 %	6,0 %	6,0%
Mindestanforderungen für Gesamtkapital			8,0 %	8,0 %	8,0 %	8,0%	8,0 %	8,0 %	8,0%
Mindestanforderungen für Gesamtkapital plus Kapitalerhaltungspolster			8,0 %	8,0 %	8,0 %	8,625 %	9,25 %	9,875 %	10,5 %
Eigenkapitalinstrumente,die nicht mehr zum Kernkapital bzw. zum Ergänzungskapital zählen			Laufen ab 2013 über einen 10-Jahres-Zeitraum schrittweise aus						
Mindestliquiditätsquote (Liquidity Coverage Ratio,LCR)	Beg. Beob. Phase				Einf.als Min. Stand.				
Strukturelle Liquiditätsquote (Net Stable Funding Ratio,NSFR)	Beg. Beobachtungsphase							Einf. als Min. Stand.	

Abbildung 1: Auswirkungsstudie Basel III: Die Folgen für den deutschen Mittelstand

Quelle: Studie im Auftrag des *Bundesverband mittelständische Wirtschaft*

Für den Zeitraum zwischen dem 1.1.2013 und dem 1.1.2017 ist eine sogenannte *Beobachtungsphase* vorgesehen, wobei die Offenlegung ab dem 1.1.2015 verpflichtend wird. Zum 1.1.2019 müssen sämtliche Kriterien erfüllt sein: So muss z. B. das harte Kernkapital 4,5 Prozent betragen, hinzu kommt ein Kapitalerhaltungspolster in Höhe von 2,5 Prozent.

Neben den oben dargestellten strengeren Eigenkapitalvorschriften erhält auch die Finanzaufsicht weitreichendere Sanktions- und Eingriffsmöglichkeiten. Bankinstitute, die in Zukunft gegen die Vorgaben und das Kreditwesengesetz verstoßen, müssen mit Geldstrafen und weiteren klassischen Sanktionen der Bankenaufsicht rechnen: so etwa mit dem Entzug der Bankzulassung oder der Abberufung von Vorständen. Mit dem Begriff *Leverage Ratio* wird eine Verschuldungsobergrenze vorgegeben, die besagt, dass die Summe aller bilanziellen und außerbilanziellen Volumina das 33-Fache des Eigenkapitals nicht überschreiten darf.

Wer ist von den Reformen besonders betroffen?

Bevor im späteren Verlauf ein Blick auf die Folgen der Beschlüsse zu Basel III geworfen wird, sollte schon an dieser Stelle klargestellt werden, dass vor allem mittelständische Unternehmen sich auf die kommende Veränderung strategisch einstellen sollten, denn in naher Zukunft wird es deutlich schwerer und vor allem teurer, an Bankkredite zu kommen. In erster Linie sind natürlich Banken von den Regelungen betroffen. Es ist jedoch logisch und folgerichtig, dass Banken ihre Geschäftspolitik ändern werden müssen, um die Anforderungen erfüllen zu können. Viele Finanzexperten sind sich einig, dass eine restriktivere Kreditvergabe oder gar Kreditklemmen bald zu einer Bedrohung für das deutsche Wirtschaftswachstum werden können.

Mit Blick auf die spezifische Wirtschaftsstruktur in Deutschland zeigt sich, dass vor allem mittelständische Unternehmen von den Folgen betroffen sein werden. Große Unternehmen, in erster Linie Aktiengesellschaften, können einer Kreditklemme entgehen, indem sie frische Liquidität über die Ausgabe neuer Aktien erlangen. Für mittelständische Unternehmen ist aber – je nach Rechtsform – der

Weg zum Kapitalmarkt versperrt. Insofern lohnt es sich, in den nachfolgenden Kapiteln bankenunabhängige Wege der Unternehmensfinanzierung näher kennenzulernen respektive genau zu prüfen. Für den Mittelstand sind ein gutes Rating sowie ein professionelles Management Grundvoraussetzungen, um unter den erschwerten Bedingungen nach Basel III an Bankkredite zu kommen. Allerdings zeigen sich vor allem in Bezug auf die Transparenz und die Effizienz von Risikomanagementsystemen in mittelständischen Unternehmen Defizite, die eine bankenabhängige Finanzierung obendrein erschweren.

Basel III fordert mittelständische Unternehmer dazu auf, ihre Finanzierungswege zu überdenken und ggf. weiter auszubauen. Gespräche mit der Hausbank werden schnell zeigen, inwiefern diese die verschärften Vorschriften ihrerseits an Kunden weitergibt. Um eine langfristige Finanzierung sicherzustellen, sollte im Mittelstand ein Umdenken initiiert werden. Traditionelle (Haus-)Bankkredite können in Zukunft kein verlässlicher und betriebswirtschaftlich immer sinnvoller Weg der Unternehmensfinanzierung sein.

Es gilt, sich im Sinne der Risikostreuung ein breites Spektrum an soliden Finanzierungsmöglichkeiten aufzubauen. Ein strategisch wichtiges Augenmerk muss des Weiteren auf ein effizientes Liquiditätsmanagement gelegt werden, das für die Überzeugung potenzieller Investoren sehr erfolgskritisch ist. Forderungsbestände können etwa an eine Factoring-Gesellschaft verkauft werden, wodurch die Kreditlinie entlastet wird. Und im Sinne alternativer, bankenunabhängiger Finanzierungswege steht auch mittelständischen Unternehmen grundsätzlich die Möglichkeit offen, Anleihen an der Börse zu platzieren (regionale Börsenplätze). Dieser attraktive Finanzierungsweg soll im vorliegenden Buch ganzheitlich nachgezeichnet werden.

Wie gestaltet sich die derzeitige Situation im Mittelstand? Stimmungen und Fakten

In einer Erhebung der Deutschen Bank aus dem Jahr 2012 gaben 47 Prozent der befragten kleinen und mittelständischen Unternehmen an, dass sie mit höheren Kosten für Kredite im wahrsten Sinne des Wortes rechnen. Im Jahre 2011 lag dieser Wert sogar noch bei 58 Prozent. Zudem gab die Mehrheit der Unternehmen (54 Prozent) an, sich gezielt für die Konsequenzen von Basel III zu wappnen. So erklärten 33 Prozent, bereits Maßnahmen eingeleitet zu haben, weitere 22 Prozent bekräftigten die Planung konkreter Schritte.

Diese Befragung ist repräsentativ und somit aussagekräftig für die Situation im deutschen Mittelstand, im Fokus standen Unternehmen mit einem Gesamtjahresumsatz von maximal 25 Mio. Euro. Der Chef der Sparkasse Osnabrück, Johannes Hartig, wurde in einem Vortrag noch deutlicher: Er rechnete den Anwesenden vor, dass sich ein Bankkredit für Mittelständler infolge der Beschlüsse zu Basel III um etwa 40 Basispunkte verteuern werde. Ausgehend von einem gegenwärtigen Zinssatz von 3,35 Prozent bedeute dies, so Hartig, einen Anstieg auf 3,75 Prozent – mit entsprechenden Folgen für die Kostenbelastung des Unternehmens. Hartig hält es für möglich, dass die Kreditvergabemöglichkeiten um ca. 25 Prozent sinken könnten.

Thomas Löhr, Finanzchef der Georgsmarienhütte Unternehmensgruppe, erklärt, dass nun vor allem Konzentrationsrisiken bei einzelnen Finanzierungspartnern vermieden werden müssten. Es gilt, neue Alternativen der Unternehmensfinanzierung vor allem im Mittelstand zu nutzen. Neben Schuldscheindarlehen und Unternehmensanleihen betont Löhr insbesondere auch die konsequente Nutzung von Innenfinanzierungsmöglichkeiten – zum Beispiel Gewinnthesaurierung, effektivere Controllingsysteme oder eine nachhaltige Optimierung des Strategiefeldes *Working-Capital-Management*.

Die »hausgemachte« Ausgangssituation des Mittelstandes hierzulande

Eine einheitliche Definition des Konzeptes Mittelstand gibt es in der Forschung nicht, dennoch ist es sinnvoll, diesen Begriff näher einzugrenzen, da er den Mittelpunkt der folgenden Ausführungen einnehmen wird. In Deutschland ist dieser Begriff oft in Bezug auf familien- oder eigentümergeführte Betriebe zu hören. Laut Definition nach den Kriterien der Europäischen Union sind KMU (kleine und mittelständische Betriebe) solche, die weniger als 250 Mitarbeiter haben und deren Jahresumsatz höchstens bei 50 Mio. Euro liegt.

Dass Basel III vor allem die Finanzierungsmöglichkeiten des Mittelstandes betreffen wird, zeigt auch ein Blick auf die Eigenkapitalausstattung vieler deutscher KMU: So lässt sich die klare Tendenz beobachten, dass der Mittelstand in den letzten Jahren und Jahrzehnten die Eigenkapitalquote zunehmend reduziert hat. Mit durchschnittlich deutlich unter 20 Prozent liegt sie im internationalen Vergleich sehr niedrig. Eine geringe Eigenkapitalquote erhöht auch die Bedeutung einer starken und betriebswirtschaftlich sinnvollen Fremdfinanzierung. Diese Möglichkeit aber wird durch Basel III nun zunehmend erschwert. Hinzu kommt, dass das Rating von Unternehmen nun für die Kreditvergabe mit Blick auf Ausfallrisiken eine wichtige Rolle einnehmen wird. Unternehmen, die neben der geringen Eigenkapitalquote weitere schlechte Kennzahlen aufweisen, werden es umso schwerer haben, sich mit Krediten zu (re)finanzieren. Basel III und die langfristige Eigenkapitalentwicklung in mittelständischen deutschen Unternehmen zeigen in aller Deutlichkeit, dass es sinnvoll bzw. in vielen Fällen an der Zeit ist, neue Wege der bankenunabhängigen Unternehmensfinanzierung zu gehen. Bei der Rechtsformwahl zeichnet sich die Tendenz weg vom Einzelunternehmen – hin zur Kapitalgesellschaft (womit per se grundsätzlich die Unternehmensfinanzierung auf eine breitere Basis gestellt werden kann).

In zahlreichen Fachpublikationen wird geäußert, dass die Grundtendenz zur hohen Fremdfinanzierung in Deutschland eine zögerliche Kreditvergabe bei Banken fördere. Basel III wird dieses zögerliche Verhalten in Einzelfällen restriktiv werden lassen. In einem zukünftigen Konzept (insbesondere auch der bankenunabhängigeren Finanzierungswege) wird der Bonität, der nachhaltigen Ertragslage samt Cashflow-Management und der Stabilität aller Vermögenswerte, im Sinne eines Ratings eine erfolgskritische Rolle zukommen.

Zahlen zur aktuellen Finanzierungssituation des Mittelstandes

Eine Umfrage des renommierten ifo-Instituts aus dem Jahre 2011 ergab, dass 24 Prozent der kleinen und mittelständischen Unternehmen eine restriktive Kreditvergabe beklagen. Eine interessante und vielsagende Tendenz lässt sich aus dem Vergleich des Volumens der bewilligten Kredite zwischen 2008 und 2010 ableiten: In nur zwei Jahren konnte ein Rückgang von 34 Prozent ermittelt werden, was natürlich ebenfalls der konjunkturell insgesamt schwachen Entwicklung zu dieser Zeit geschuldet ist.

Aber auch für die nun in Kraft tretenden Basel III-Maßnahmen zeichnet sich eine ähnliche Tendenz der Kreditverknappung und -verteuerung ab. Zu bedenken ist ferner, dass nicht zuletzt infolge der anhaltenden Euro-Schuldenkrise die Situation auf den Kapitalmärkten angespannt und zum Teil unberechenbar ist. Auch dies legt nahe, alternative Wege der Finanzierung in ein modernes Unternehmenskonzept zu integrieren. Vor allem KMU sind mit Blick auf die Wahl der Finanzierungsform scheinbar eingeschränkter, dennoch lassen sich hier innovative und nachhaltige Strategien unternehmensspezifisch implementieren. Das traditionelle Finanzierungsinstrument in Form eines Hausbankkredites kann in Zukunft unbestritten kein Allheilmittel mehr sein. Bis dato wurden so 80 Prozent des gesamten Finanzierungsbedarfes im Mittelstand abgedeckt. Diese beinahe schon strukturelle Abhängigkeit von Banken kann aber in Zeiten von Basel III keine verlässliche Basis mehr darstellen.

Es gilt, die Unternehmensfinanzierung auf eine breitere Basis zu stellen, um sogar in Krisenzeiten für die notwendige Liquidität zu sorgen. Als Zwischenfazit lässt sich festhalten, dass eine insgesamt angespannte Situation auf den Kapitalmärkten in Kombination mit sinkenden Kreditvolumina und höheren Finanzierungskosten die finanzielle Situation in KMU insgesamt verschlechtern wird. Für deutsche Mittelständler ergeben sich aufgrund einer (chronisch) geringen Eigenkapitaldecke sowie der traditionellen Einbindung von langfristigen Krediten nach der schrittweisen Umsetzung von Basel III also zunehmend größere und unberechenbare Finanzierungsrisiken, die zum Nutzen von alternativen Wegen geradezu auffordern. Aktuelle Untersuchungen der Industrie- und Handelskammer kommen zu dem Schluss, dass vor allem für mittelständische Unternehmen mit mittlerem Rating höhere Finanzierungskosten durch Basel III Wirklichkeit werden. Wie bereits angedeutet, zeichnet sich die deutsche Unternehmensfinanzierung im Mittelstand durch eine langfristige Kreditstruktur aus. Es ist zu erwarten, dass solche Kredite, die durch konstante Zinsen ein hohes Maß an Sicherheit in Krisenzeiten bewirken, seltener und teurer werden bzw. Unternehmen mit Top-Ratings vorbehalten sind.

Unternehmer sollten sich jetzt frühzeitig um eine solide Unternehmensfinanzierung kümmern und ernsthaft prüfen, welche alternativen Wege grundsätzlich infrage kommen. Fallen langfristige Kreditfinanzierungsmöglichkeiten weg, so ist nach anderen Alternativen zu suchen, die einen belastbaren Beitrag zur finanziellen Ertragskraft des Unternehmens leisten können. Einige dieser modernen und wegweisenden Formen werden in den folgenden Kapiteln praxisorientiert vorgestellt.

Mit welchen Konsequenzen ist für Bankprodukte (Kredite) zu rechnen?

Hier lässt sich prognostizieren, dass es weniger und teurere Kredite geben wird, sodass die Rahmenbedingungen für eine (langfristige) Kreditfinanzierung bedeutend schwieriger werden. Je nach wirtschaftlicher Situation einer Bank besteht die akute Gefahr, dass sie weniger Kredite ausgeben können wird, um die Eigenkapitalanforderungen zu erfüllen. Da nun Risiken anders bewertet werden, besteht zudem die Gefahr höherer Kreditkosten in Form von gestiegenen Zinsen. In beiden Fällen würde sich die Finanzierungslage von Unternehmen verschlechtern, wobei höhere Kreditkosten ferner einen unmittelbaren Einfluss auf die Wirtschaftlichkeit und somit auf das immer wichtiger werdende Rating haben. Genaue Prognosen sind noch nicht möglich, im schlimmsten Falle – und ggf. begünstigt durch eine negative Entwicklung der Weltwirtschaft – könnte Basel III bremsend auf die Konjunktur wirken. In Ziffern ausgedrückt wird der Bankensektor in Deutschland das geforderte harte Kernkapital um ca. 100 Mrd. Euro erhöhen müssen. Das Kreditvolumen könnte laut Expertenschätzung um 3 Prozent sinken, wobei die Kosten für Zinsen steigen könnten.

Durch die neuen Liquiditätsvorschriften für Banken könnten vor allem langfristige Kredite, die typisch für den deutschen Mittelstand sind, teurer werden. Kurzfristige Kredite sind mit Blick auf eine nachhaltige Finanzierung aber für viele Unternehmen hierzulande auf Dauer keine belastbare Basis. Je nach Ertragslage und wirtschaftlicher Situation der Banken ist zu erwarten, dass die Anzahl kurzfristiger Kredite zunimmt. Angesichts dieser Unsicherheiten und der zu erwartenden Mehrkosten sollten sich gerade mittelständische Unternehmen um bankenunabhängige Finanzierungsmöglichkeiten kümmern, die eine verlässliche und nachhaltige Lösung in Aussicht stellen. Aufgrund der neuen Bewertung von Risiken wird auch die Bonität eine tragende Rolle spielen. Unternehmen, die keine allzu gute Bonität aufweisen, werden deutlich mehr für Kredite zahlen müssen, sofern sie überhaupt welche bekommen. Gerade für mittelständische Unternehmer gilt aufgrund von Basel III noch mehr, was schon unter Basel II zu beachten war: Die Unternehmensfinanzierung sollte auf solide Füße gestellt werden; ein gutes Rating und ein effektives Risikomanagement sind hilfreich, um Investoren zu überzeugen und somit auch bankenunabhängige Finanzierungsformen wählen zu können. Von der zu erwartenden restriktiveren Kreditvergabe etwas weniger betroffen sein können Mittelständler, die innerhalb ihrer Branche Top-Werte in puncto Bonität aufweisen. Aber auch hier bieten sich neue Formen der Unternehmensfinanzierung an, um die finanziellen Handlungsspielräume in Zukunft groß halten zu können. Für eine erfolgreiche bankenunabhängige Form der Unternehmensfinanzierung erweisen sich Fragen nach der Kapitaldienstfähigkeit (Cashflow), der Eigenkapitalausstattung sowie der Qualität der Unternehmensführung als erfolgskritisch.

Studie: Simulationsbasierte Prognosen über die Entwicklung der Kreditkonditionen

Es lässt sich festhalten, dass die Eigenkapitalerhöhung bei Banken im Zuge von Basel III zu einem geschäftsbegrenzenden Faktor werden kann, wodurch Wachstumsmöglichkeiten im Kreditgeschäft gebremst werden. Auch die neu eingeführte *Leverage Ratio* wird nach Expertenmeinung das Neugeschäft insbesondere für volumenstarke Kredite einschränken. Insgesamt sollten sich Unternehmen darauf einstellen, dass Finanzprodukte zur Fremdfinanzierung teurer werden, da Banken höhere Aufwendungen in Bezug auf regulatorisches Kapital zu stemmen haben.

In einer aktuellen Studie im Auftrag des *Bundesverbands mittelständische Wirtschaft* werden aufgrund einer Simulation Zahlen genannt, die zeigen, in welche Richtung die Entwicklung geht. Als Ergebnis wird festgehalten, dass Basel III vor allem die Kreditvergabe für kleine und mittlere Unternehmen beeinflussen wird. Die Autoren legen dar, dass das Kreditgeschäft zwei Drittel der durch Basel III zusätzlich entstehenden Kapitalanforderungen zu tragen hat. Die Ergebnisse mit Blick auf die Kreditsituation für den Mittelstand anhand der Simulation zeigen, dass das Kreditvolumen um 2,47 Prozent zurückgehen könnte, wobei mit einer durchschnittlichen Zinssteigerung von 0,54 Prozent gerechnet werden kann.

Darüber hinaus wird laut Simulation durch die Folgen der Beschlüsse von einer Verringerung der Wirtschaftsleistung des Mittelstandes um 2 Prozent ausgegangen. Die Autoren der Studie schlagen vor, die Risikogewichte für Mittelstandskredite insgesamt zu senken, um Schäden von der realwirtschaftlichen Entwicklung abzuwenden. In jedem Falle machen die Zahlen sowie die hier näher ausgeführten Maßnahmen zu Basel III deutlich, dass der Mittelstand sich nicht mehr blind auf die traditionelle Kreditfinanzierung durch Banken verlassen sollte. Die derzeitige Situation bietet sich an, um alternative Wege der Unternehmensfinanzierung ernsthaft zu prüfen und im Sinne der Nachhaltigkeit des Geschäftsmodells zu integrieren. Zunächst sollen die grundsätzlichen Formen der Finanzierung dargestellt und anschließend in den folgenden Kapiteln die konkreten Finanzierungswege jenseits von Bankkrediten aufgezeigt werden, die neue Handlungsspielräume eröffnen können.

simplified

3 Formen der Unternehmensfinanzierung

Von Christopher A. Runge

Grundlagen der Unternehmensfinanzierung und Begriffsdefinitionen

Unternehmen stehen grundsätzlich interne und externe Wege der Finanzierung offen, je nach Herkunft der finanziellen Mittel. Die interne Finanzierung wird auch als Eigenfinanzierung bezeichnet. Sie stützt sich im Wesentlichen auf Umsatzerlöse, Gewinnthesaurierungen, Rückstellungen (je nach Rechtsform) und Finanzierungen durch Abschreibungen. Bei der externen Form (Außenfinanzierung) wird dem Unternehmen von Geldgebern unter gewissen Bedingungen für einen bestimmten Zeitraum Kapital zur Verfügung gestellt. Generell lässt sich die Tendenz festhalten, dass eine Eigenkapitalfinanzierung teurer ist, dafür aber wirkt sich eine hohe Eigenkapitalquote positiv auf die Kreditwürdigkeit aus. Wie man am Beispiel der Innenfinanzierung durch Abschreibungen erkennen kann, ist nicht immer ein Zahlungsmittelfluss vonnöten.

Das Fremdkapital ist bei Aktiengesellschaften auf der Passivseite erkennbar, der Unternehmensgewinn spiegelt sich im Bilanzgewinn und in der Gewinn- und Verlustrechnung wider (GuV). Bevor auf die Begriffe Fremd- und Eigenkapital und die damit einhergehenden Finanzierungsmöglichkeiten näher eingegangen wird, soll eine grundsätzliche Abgrenzung bereits an dieser Stelle vorgenommen werden: Eigenkapital weist im Vergleich zu Fremdkapital eine Nachrangigkeit auf, d. h., im Falle einer Insolvenz werden zuerst alle Fremdkapitalgläubiger befriedigt, dann erst die Eigenkapitalgeber. Ferner wirkt das Eigenkapital bis hin zum vollen Verlust als Puffer, wohingegen beim Fremdkapital eine erfolgsunabhängige Verzinsung erfolgt. Bei der Rentabilität des eingesetzten Eigenkapitals ist der wirtschaftliche Erfolg letztlich die entscheidende Grundlage. Generell gilt eine große Eigenkapitaldecke (= Haftungssubstanz) über dem gesetzlich vorgeschriebenen Mindestkapital als vertrauenerweckend, da die Unternehmer mit weitaus mehr als dem gesetzlichen Minimum bürgen.

Eigenkapital: Begriffsklärung und Finanzierungsdimensionen

Eine exakte Definition des Konzeptes *Eigenkapital* ist nicht immer problemlos möglich, da eine große Anzahl an Finanzierungskontrakten existiert. Generell stellt Eigenkapital eine bilanzielle Gegenposition zu den in ein Unternehmen eingebrachten Gütern dar. Bilanziell wird Eigenkapital bei Kapitalgesellschaften in das gezeichnete Kapital, Kapitalrücklagen, Gewinnrücklagen sowie den Jahresüberschuss und Gewinnvortrag unterteilt. Jahresfehlbeträge bzw. Verlustvorträge mindern das Eigenkapital und somit die Haftungssumme. Im Gegensatz zu äußerlich zugeführtem Fremdkapital handelt es sich um finanzielle Mittel, die von den Eigentümern selbst für die Unternehmensfinanzierung eingebracht werden. Auch erwirtschaftete und im Unternehmen belassene Geldmittel erhöhen die Eigenkapitalbasis (Selbstfinanzierung durch Gewinnthesaurierung).

Arten von Eigenkapital und deren Ausweis

Buchmäßiges Eigenkapital ergibt sich in einer Bilanz aus der Differenz zwischen Aktiva (Vermögen und aktive Rechnungsabgrenzungsposten) und den Verbindlichkeiten, Rückstellungen sowie passiven Rechnungsabgrenzungsposten. Durch Unter- oder Überbewertung im Rahmen der bilanziellen Möglichkeiten können stille Reserven gebildet werden, sodass das *effektive Eigenkapital* stichtagsbezogen nur schwer zu beziffern ist.

Das sogenannte *reale Eigenkapital* kann durch Einlagen von Eigentümern oder durch Kapitalerhöhungen bei Aktiengesellschaften erhöht werden. Entnahmen respektive Kapitalherabsetzungen mindern das Eigenkapital. Auch Verluste eines Geschäftsjahres mindern das Eigenkapital. Im Falle von Einzelunternehmen sowie den vollhaftenden Gesellschaftern von Personengesellschaften werden Verluste, Gewinne, Entnahmen und Einlagen auf verschiedenen variablen Eigenkapitalkonten buchhalterisch erfasst. Für Kapitalgesellschaften gibt das HGB in § 266 eine Gliederung für den Ausweis vor. Zu unterscheiden ist zwischen gezeichnetem Kapital (= nominelle Haftungssumme), Kapitalrücklagen, Gewinnrücklagen, einem Gewinn- bzw. Verlustvortrag sowie einem Jahresüberschuss oder -fehlbetrag. Im Gegensatz zu Fremdkapital steht Eigenkapital Unternehmern grundsätzlich unbefristet zur Verfügung, wobei es im Sinne der goldenen Bilanzregel in Höhe des langfristig gebundenen Vermögens vorhanden sein sollte. Ein weiterer Verknüpfungspunkt aus beiden Arten von Kapital ergibt sich durch die Haftungsfunktion von Eigenkapital (*Garantiekapital*). In diesem Sinne wirkt sich die Höhe der Haftungssumme auch auf die Möglichkeiten der Aufnahme von Fremdkapital aus. In Bezug auf den Aspekt der Eigenkapitalbeschaffung kann für Geldgeber festgehalten werden, dass diese eine angemessene Verzinsung als Vergütung für die Übernahme von unternehmerischen Risiken erwarten dürfen.

Eigenkapitalquote als aussagekräftige Kennzahl

Zur Beurteilung der finanziellen Solidität eines Unternehmens wird häufig die Eigenkapitalquote herangezogen (Relation Eigenkapital: Gesamtkapital). Je höher diese Quote ist, desto sicherer ist die Basis einer Unternehmung, denn in Krisenzeiten wirkt dieses Kapital als Puffer und sichert die Handlungsfähigkeit (hierbei spricht man auch von der sogenannten Verlustpufferfunktion des Eigenkapitals).

In Deutschland sind Unternehmen mit wenig Eigenkapital ausgestattet: So weisen 43 Prozent der Unternehmen eine Quote von weniger als 10 Prozent auf, nur 15 Prozent weisen eine Eigenkapitalquote über 30 Prozent auf. In Bezug auf eine mögliche Beteiligungsfinanzierung sind die Grenzen und Chancen je nach Rechtsform zu berücksichtigen. Zu bedenken ist gerade in Bezug auf die sich ergebenden Herausforderungen durch Basel III, dass eine geringe Eigenkapitaldecke das Rating verschlechtert, somit letztlich auch die Chance, an neue Kredite zu kommen.

Fazit zum Finanzierungsweg »Eigenkapital«: Vorteile und Möglichkeiten

Eine gute Mindestausstattung an Eigenkapital stellt sicher, dass geringe oder in einigen Perioden auch größere Verluste nicht unmittelbar zur Überschuldung oder im schlimmsten Falle zur Insolvenz führen. Je höher die Eigenkapitaldecke ist, desto geringer ist die Wahrscheinlichkeit, dass Liquiditätsengpässe auftreten. Natürlich haben Unternehmer auch einen besseren Verhandlungsspielraum gegenüber Kreditgebern, je mehr Eigenkapital sie beigesteuert haben. Allerdings ist hier in Anbetracht der geringen Quoten in Deutschland und der anstehenden Herausforderungen durch Basel III festzuhalten, dass besagte Spielräume in den nächsten Jahren kleiner werden, womit auch unternehmerische Gestaltungsmöglichkeiten eingeschränkt werden. Hier gilt es, frühzeitig aktiv zu werden und strategische Finanzierungsalternativen ernsthaft zu prüfen.

Wege der Eigenkapitalerhöhung

Aktiengesellschaften können durch einen Beschluss mit Dreiviertelmehrheit eine Kapitalerhöhung beschließen, sodass neue Aktien platziert werden können. Personengesellschaften können durch neue (stille) Teilhaber dem Unternehmen frisches Kapital zufließen lassen. Allerdings sind hier die vertraglichen Details und die jeweiligen Befugnisse mit Sorgfalt zu planen.

Der Begriff *Venture Capital* beschreibt eine moderne Form der Beteiligungsgesellschaft, in der anstelle eines Partners eine private oder auch öffentlich geförderte Beteiligungsgesellschaft gesucht wird. Hierbei wird durch Beteiligungsgesellschaften Kapital zur Verfügung gestellt, das Unternehmer aufgrund nicht vorhandener Kreditsicherheiten andernfalls nicht bekommen würden. Mithilfe dieses zeitgemäßen und bankenunabhängigen Finanzierungsweges kommen aktuell viele IT-Start-up-Unternehmen auf die Beine, die mit traditionellen Bankkrediten (Fremdkapital) nur schwer zu finanzieren wären.

Noch ist der Venture-Capital-Markt als Weg der Eigenfinanzierung schwach ausgeprägt, allerdings wird sich hier in den nächsten Jahren nicht zuletzt durch Basel III viel bewegen. Im Sinne der Ausnutzung von Wettbewerbsvorteilen sollten sich KMU jetzt schon mit neuen Möglichkeiten der Eigenkapitalerhöhung auseinandersetzen.

Fazit: Finanzierungsmöglichkeiten

Die sogenannte Innenfinanzierung mit Eigenkapital kann grundsätzlich nur über den betrieblichen Leistungsprozess und erzielte Umsatzerlöse gesichert werden. In diesem Kontext ist der Cashflow als Einzahlungsüberschuss eine konkrete und aussagekräftige Kennzahl. Daneben stehen Unternehmen offene und verdeckte Wege der Selbstfinanzierung zur Verfügung. Offen ist dieser Weg, sofern Gewinne einbehalten oder Rücklagen gebildet werden (Thesaurierung). Verdeckt ist dieser Finanzierungsweg, falls *stille* Reserven gebildet werden. Der Finanzierungseffekt entsteht durch deren Auflösung. Auch vorzunehmende Abschreibungen können einen Finanzierungseffekt bewirken, sofern die Abschreibungskosten über die verkauften Produkte und deren Preisgestaltung erwirtschaftet werden (Abschreibungsfinanzierung).

Fremdkapital: Begriffsklärung und Finanzierungsdimensionen

Unter dem Begriff Fremdkapital, das im Handelsgesetzbuch als Verbindlichkeit (Schulden) bezeichnet wird, versteht man Geldmittel, die einem Unternehmen für einen bestimmten Zeitraum von Dritten überlassen werden. Zum Konzept Fremdkapital gehören etwa langfristige bzw. kurzfristige Kredite, Schuldscheindarlehen, Obligationen und verschiedene Formen von Bank- oder Lieferantenkrediten. Für das Schuldverhältnis wird vertraglich neben dem Zeitraum der Überlassung ein Zinssatz festgelegt. Rechtlich gesehen handelt es sich um ein Schuldverhältnis und nicht um ein Beteiligungsverhältnis, wie es bei Eigenkapitalgebern der Fall ist, mit entsprechenden Konsequenzen für die Entscheidungsbefugnisse. Dadurch haben Fremdkapitalgeber einen schwächeren Einfluss auf die Unternehmensführung, demgegenüber steht aber der erfolgsunabhängige Anspruch auf Verzinsung des eingesetzten Kapitals. Eigenkapitalgeber können nur eine Rendite ihres eingesetzten Kapitals erlangen, sofern das Unternehmen wirtschaftlich bzw. profitabel arbeitet. In bilanzieller Hinsicht unterscheidet man beim Fremdkapital zwischen Verbindlichkeiten und Rückstellungen, die für in der Zukunft liegende Aufwendungen schon jetzt gebildet werden müssen. Tendenziell ist eine Finanzierung durch Fremdkapital günstiger, was den hohen Verschuldungsgrad deutscher Unternehmen zu erklären vermag. Allerdings wird in diesem Bereich durch die Beschlüsse zu Basel III ein finanzierungstechnischer Paradigmenwechsel eingeleitet, der besonders im Mittelstand ein Umdenken erforderlich macht.

Arten von Fremdkapital

Errechnen lässt sich das Fremdkapital aus dem Gesamtkapital (bei Aktiengesellschaften: Differenz aus Bilanzsumme und Eigenkapital). Ein wesensmäßiges Abgrenzungsmerkmal von Fremdkapital zum Eigenkapital ist die Bereitstellung durch externe Quellen für einen befristeten Zeitraum. Generell wird zwischen kurz-, mittel- sowie langfristigem Fremdkapital unterschieden. Unter das Fremdkapital fallen alle Schulden eines Unternehmens, betroffen sind somit alle Passivposten einer Bilanz. Üblicherweise beziehen sich kurzfristige Fremdkapitalverpflichtungen auf einen Zeitraum von einem Jahr oder kürzer (Beispiele: Bankkredite, Verbindlichkeiten aus Lieferung und Leistung). Mittelfristiges Fremdkapital wird üblicherweise mit einer Fälligkeit von zwei bis maximal fünf Jahren versehen. Jenseits von fünf Jahren spricht man von langfristigem Fremdkapital, wozu u. a. Darlehen, Hypotheken, Anleihen oder Pensionsrückstellungen zählen.

Personengesellschaften und Einzelunternehmen müssen ihr Fremdkapital gesondert sowie hinreichend ausweisen (Rechtsgrundlage: § 247 I HGB). Für Kapitalgesellschaften besteht gemäß § 266 III HGB eine detailliertere Aufgliederungspflicht. Die betriebswirtschaftliche Bedeutung von Fremdkapital zeigt sich in der Finanzierung des Unternehmensvermögens. Dabei sind Fremdkapitalgeber in aller Regel nicht am Unternehmen beteiligt, sie haben als Gläubiger einen Rechtsanspruch auf die Rückzahlung mit einer vereinbarten (erfolgsunabhängigen) Verzinsung. Ein potenzielles Risiko für Fremdkapitalgeber zeigt sich in einer möglichen Insolvenz, wobei aber Fremdkapitalgeber in einem solchen Fall zuerst finanziell befriedigt würden. Von Vorteil in Bezug auf die Unternehmensführung ist, dass sich Fremdkapitalgeber nur in einem sehr begrenzten Maße in die operativen Geschäfte einmischen können. Grundsätzlich ist eine Fremdfinanzierung günstiger, wobei sich aber auch ein Nachteil zeigt: Zinsen und Tilgungen haben fristgerecht zu erfolgen, auch wenn keine ausreichende Liquidität bzw. nicht genügend Gewinne vorhanden sind. In den letzten Jahren haben sich auch sogenannte Kreditsubstitute zu einem wichtigen Finanzierungsmittel entwickelt. Hierbei werden nicht geldliche Vermögensgegenstände in Geldmittel verwandelt. *Factoring, Leasing* sowie Asset Backed Securities gehören zu den gängigen Formen der Wirtschaftspraxis.

Kreditwürdigkeit als Schlüsselfaktor in Bezug auf Basel III

Um an frisches Kapital zu möglichst vorteilhaften Konditionen zu kommen, ist eine sehr gute Bonität bzw. Kreditwürdigkeit eine wichtige Voraussetzung. Hierbei wird die Fähigkeit geprüft, ob ein Unternehmen die Schulden zurückzahlen kann. Insgesamt gilt bei Bonitätsprüfungen, dass je nach Höhe bzw. Risiko mehr Informationen zu berücksichtigen sind. Eine sogenannte Wirtschaftsauskunft gibt in Bezug auf die Bewertung der Bonität aussagekräftige und belastbare Informationen, die u. a. die Finanzlage, das vergangene Zahlungsverhalten sowie Geschäftszahlen und Beteiligungen enthalten. Einheitliche Bonitätskriterien für alle Schuldner existieren nicht, denn nicht jeder Schuldner kann je nach wirtschaftlicher Lage alle Kriterien erfüllen. Die verschiedenen Abstufungen werden in sogenannten *Ratings* oder *Scores* ausgedrückt. Diese variieren von »sehr guter Bonität« bis hin zu »gerade noch vertretbar«. Bonitätsstufen hängen mit der statistisch festlegbaren Ausfallwahrscheinlichkeit zusammen: So steht eine gute Bonitätseinstufung für eine eher geringe Ausfallwahrscheinlichkeit. Hierin zeigt sich die Crux in Bezug auf Basel III, denn wie im vorgegangenen Kapitel schon erläutert, werden es Unternehmen mit schlechtem Rating bzw. mittelmäßiger Bonität in Zukunft deutlich schwerer haben, an Kredite zu kommen. Erschwerend kommt hinzu, dass sich die Konditionen für Kredite verteuern werden. Insofern sollten Unternehmen, sofern sie auch bankenunabhängige Finanzierungswege gehen möchten, strategisch auf ein gutes Rating Wert legen und mit Transparenz Vertrauen wecken, um potenzielle Investoren zu überzeugen.

Fremdfinanzierung: ein kurzer Überblick

Unter das betriebswirtschaftliche Konzept *Fremdfinanzierung* fallen alle Vorgänge, im Zuge deren von außen Kapital zur Verfügung gestellt wird. Die Verzinsung für das eingesetzte Kapital setzt sich üblicherweise aus einem risikolosen Zinssatz und einer Risikoprämie zusammen. Im Bereich der langfristigen Fremdfinanzierung haben Unternehmen grundsätzlich die Option zwischen Obligationen, Darlehen sowie Anleihen. Für den deutschen Mittelstand sind insbesondere langfristige Bankkredite eine gängige Finanzierungsmöglichkeit. Im Bereich der kurzfristigen Fremdfinanzierung nutzen Unternehmen eine Vielzahl an möglichen Kreditarten, je nach wirtschaftlicher Lage bzw. Vorteilhaftigkeit. Zu den in Deutschland gängigsten Formen zählen der Kundenkredit, der Lieferantenkredit, der Kontokorrentkredit, der Wechsel, der Lombardkredit oder ein Rembourskredit. Wie bereits angedeutet, werden gerade mittelständische Unternehmen ohne Top-Rating bzw. mit mittelmäßiger Bonität in Zukunft durch Basel III größere Probleme haben, sich mit solchen kurzfristigen Krediten zu finanzieren. Unlängst haben sich Sonderformen der Fremdfinanzierung wie Leasing, Factoring oder Mezzanine-Kapital in der Wirtschaftspraxis etabliert, was zeigt, dass alternative Wege der Unternehmensfinanzierung durchaus lohnenswert sind. Vor allem Factoring bietet zahlreiche Vorteile wie eine zu begrüßende Liquiditätsschonung und Kosteneinsparungen auf Personalebene. Leasing ermöglicht ein hohes Maß an unternehmerischer Handlungsflexibilität, ohne die Liquidität zu strapazieren. Sogenannte Mezzanine-Finanzierungsmöglichkeiten sind eine Mischung aus Fremd- und Eigenkapitalfunktionen. Genussrechte oder stille Beteiligungen haben einen eigenkapitalähnlichen Charakter, wohingegen Mezzanine-Kapital in Form von Darlehen einen fremdkapitalartigen Charakter aufweist.

Fremdkapital: Fazit und Ausblick auf alternative Finanzierungswege

Die Finanzierung mit Fremdkapital bietet den flexiblen Vorteil, Liquidität auch kurzfristig sicherstellen zu können und dabei gleichzeitig den Einfluss der Kapitalgeber auf die Unternehmensführung so gering wie nur möglich zu halten. Unternehmerische Beteiligungen hingegen können je nach vertraglicher Absprache die Entscheidungsbefugnisse beeinflussen. Im Übrigen können Schuldner ferner von der Inflation profitieren, sofern dieses Thema akut ist. Zu den spürbaren Nachteilen der Fremdfinanzierung zählen die Tilgungen bzw. die zu leistenden Zinszahlungen unabhängig von der aktuellen Liquidität.

Mit Blick auf die spezifischen Gegebenheiten des Mittelstandes in Deutschland sei auch erwähnt, dass ein zunehmender Verschuldungsgrad die Kreditwürdigkeit verschlechtert. In diesem Fall droht die latente Gefahr einer Insolvenz, vor allem in konjunkturell schwachen Zeiten. Der bisweilen hohe Verschuldungsgrad von mittelständischen Unternehmen ist besonders mit Blick auf die Auswirkungen von Basel III kritisch zu betrachten (vgl. hierzu auch Kapitel 2). Zahlreiche Studien postulieren, dass es insbesondere für Mittelständler mit mittelmäßiger Bonität schwieriger wird, an Kredite zu kommen. Ungeachtet dessen werden sich die Kosten für Kredite auf lange Sicht erhöhen, was zusätzliche Handlungsspielräume einengt und einen weiteren konkreten Ansatzpunkt darstellt, um alternative Wege der Unternehmensfinanzierung zu ergründen und diese letztlich auch konsequent zu gehen.

In den folgenden Beiträgen werden daher einige dieser neuen Wege praxisnah vorgestellt. Das folgende Kapitel 4 rückt die Möglichkeiten eines Börsengangs in den Mittelpunkt, wobei alle rechtlichen Grundlagen und erfolgversprechenden Gestaltungsmöglichkeiten angesprochen werden. Mit *Crowdfunding* und *Crowdinvesting* werden zwei sehr moderne und flexible Finanzierungswege aufgezeigt, die jetzt schon viele Start-up-Unternehmen erfolgreich begleiten konnten. Vor allem mit Blick auf eine kurzfristige Projektfinanzierung lassen sich so flexible Handlungsmöglichkeiten jenseits von Bankkrediten eröffnen. Mit Mittelstandsanleihen, EU-Fördermitteln und kapitalmarktbasierten Finanzierungsalternativen für den Mittelstand (SPACs) werden im Verlauf des Buches weitere Wege beschrieben, mit denen strategisch kluge und nachhaltige Antworten auf mögliche durch Basel III ausgelöste Risikoszenarien gefunden werden können.

Finanzierungstendenzen: Zukünftige Wege zeichnen sich ab

In einer Studie, die die Entwicklung in der Schweiz und Deutschland vergleichend analysiert, konnte gezeigt werden, dass die Eigenkapitalquoten im Schweizer Raum gestiegen sind und insgesamt höher liegen als hierzulande. Die Autoren kommen zu dem Schluss, dass die vormals dominante Bankenfinanzierung durch Anleihen oder Commercial Papers zunehmend abgelöst wird. Hiermit wird ein Trend bzw. eine betriebswirtschaftliche Notwendigkeit angesprochen, die sich direkt auch an die Konsequenzen von Basel III anlehnt. Die Autoren stellen zudem fest, dass sich die Unternehmen zunehmend in unterschiedlicher Weise finanzieren. Traditionelle und eingefahrene Finanzierungswege werden durch zeitgemäße ersetzt. Insofern macht es Sinn, einige dieser neuen Möglichkeiten in den folgenden Kapiteln näher zu betrachten.

Die Studie legt des Weiteren nahe, dass geringe Eigenkapitaldecken zwar problematisch sind, auf längere Sicht jedoch wachsen können, sofern diesem Ziel eine strategische Priorität zugeordnet wird. Mit Blick auf die Wahl von hybriden (gemischten) Formen der Unternehmensfinanzierung kommen die Autoren zu dem Schluss, dass firmenspezifische Aspekte (Rechtsform etc.) sowie die makroökonomischen Rahmenbedingungen eine wichtige Rolle spielen.

Eine zentrale These der Untersuchung, die sich als annehmbar erwiesen hat, lautet: Das Finanzierungsverhalten ändert sich grundsätzlich und ein Rückgang der Bankenfinanzierung bei diverser werdenden Verbindlichkeiten ist festzustellen. Insofern wird deutlich, dass sich Unternehmen strategisch bzw. langfristig auf die Folgen von Basel III einzustellen scheinen. Eine weitere bestätigte These der Untersuchung ist, dass profitable Unternehmen eine differenzierte Kapitalstruktur aufweisen. Hiermit wird deutlich, dass es sich nicht zuletzt betriebswirtschaftlich lohnt, alternative Wege der Unternehmensfinanzierung zu gehen. Neben einer soliden und nachhaltigen Finanzstruktur können durch eine breiter aufgestellte Basis auch Risiken systematisch gesenkt werden. Das stellt in Zeiten von Schuldenkrisen und nervösen Finanzmärkten einen wichtigen Wettbewerbsfaktor dar.

simplified

4 Der Börsengang

Von Christopher A. Runge

Listing im Freiverkehr als alternativer Finanzierungsweg für Unternehmer

Jede Börse in Deutschland unterhält ein sogenanntes Freiverkehrssegment. Dies ist eine privatrechtlich von dem jeweiligen Betreiber der Börse organisierte Handelsplattform, die nicht den öffentlich-rechtlichen Regelungen ordentlicher Börsen unterworfen ist, sondern deren Regeln vom Börsenbetreiber selbst festgelegt werden.

Diese Freiverkehrssegmente können von Unternehmern genutzt werden, um über den Kapitalmarkt für ihr Unternehmen Kapital zu generieren. Der Aufwand für solch einen kleinen Börsengang ist geringer als ein Gang an den geregelten Markt. Wegen niedrigerer Voraussetzungen und niedrigerer Folgepflichten stehen diese Segmente auch Unternehmen zur Verfügung, die für einen Börsengang am geregelten Markt noch nicht bereit wären.

Der Aufwand für ein Listing im Freiverkehr ist mit dem für die Aufnahme von Fremdkapital bzw. das Bewerben von Private-Equity-Investoren vergleichbar. Die Vorbereitung eines Listings bindet Ressourcen, finanzielle und personelle. Der Vorteil ist letztlich, dass der Unternehmer möglicherweise Kapital generieren kann, aber Herr seines Unternehmens bleibt.

Neben den Chancen für Unternehmen und auch Anleger ist ein solches Listing an einem Freiverkehr aber auch mit Risiken verbunden.

Für den Unternehmer macht ein Listing nur Sinn, wenn er mit hoher Wahrscheinlichkeit das geplante Kapital generieren kann. Anleger müssen sich des hohen Risikos des Kaufs einer Aktie im Freiverkehr bewusst sein.

Beide, Unternehmer und Anleger, könnten der Fehlvorstellung unterliegen, ein Listing an einer »Börse« sein ein Qualitätsmerkmal. Der Unternehmer verplant im Vorfeld bereits die Millionen, die er durch das Listing generieren wird, und der Anleger rechnet sich reich. Wenn das Listing und im Nachfolgenden die Betreuung des Marktes nicht richtig gemanagt werden, wird aus dem erhofften Erfolg ein totaler Misserfolg.

Neben den gut gemeinten Börsengängen mit redlicher Absicht, gibt und gab es in der Vergangenheit zahlreiche Fälle des Missbrauchs des nicht regulierten Marktes durch Scheinfirmen. Aus diesem Grund hat die Frankfurter Wertpapierbörse das Segment Open Market zum 17. Dezember 2013 vollständig geschlossen. Andere Börsenbetreiber als die Frankfurter Wertpapierbörse verfahren immer restriktiver bei der Zusage von Listings.

Vor allem die Frankfurter Wertpapierbörse und deren Betreiberin, die Deutsche Börse AG, änderten in den letzten Jahren mehrfach die Voraussetzungen für die Einbeziehung von Unternehmen in den Open Market (Freiverkehr der Frankfurter Wertpapierbörse), um Missbrauch zu verhindern. Letztlich wurde der Open Market ganz abgeschafft.

Einbeziehungsvoraussetzungen

Im Folgenden stellen wir die Voraussetzungen für die Einbeziehung von Wertpapieren in den Freiverkehr an den Beispielen der Freiverkehre der Börsen Frankfurt, Berlin und Stuttgart dar und analysieren diese. Aufgrund der größeren wirtschaftlichen Bedeutung legen wir den Schwerpunkt auf den Open Market der Frankfurter Wertpapierbörse, stellen dort die Änderungen der Allgemeinen Geschäftsbedingungen während der letzten drei Jahre dar und versuchen, die Gründe dafür zu ermitteln.

Anhand der Rundschreiben der Deutschen Börse AG an die Marktteilnehmer am Freiverkehr der Frankfurter Wertpapierbörse (Open Market) lassen sich die Änderungen der Allgemeinen Geschäftsbedingungen der letzten Jahre nachvollziehen.

Mit der Bekanntgabe der Aussetzung der Einbeziehung jeglicher Wertpapiere in das First Quotation Board des Open Market am 20. Dezember 2011 hat die Deutsche Börse AG vorläufig einen Schlussstrich gezogen.[1] Die Begründung ist laut Rundschreiben, dass auch die immer weiter verschärften Bedingungen für Listings am First Quotation Board wiederholten Missbrauch in Form der fortdauernden Marktmanipulationsversuche nicht verhindern konnten. Dies verwundert in sofern nicht, als die zuletzt mit Wirkung zum 14. Februar 2011 eingeführten Änderungen der Allgemeinen Geschäftsbedingungen[2], für deren Umsetzung den betroffenen Emittenten eine Frist bis zum 30. September 2011 gesetzt worden war[3], gerade nicht geeignet waren, Missbrauch zu vermeiden. Denn die Verschärfungen betrafen lediglich die formellen Eckpunkte der Listingvoraussetzungen, erforderten aber keine Darstellung eines operativen Geschäfts. Die auch nach dem 20. Dezember 2011 weiter geltenden Voraussetzungen für eine Einbeziehung von Wertpapieren in den Entry Standard des Open Market decken dies ab.

Gemäß § 16 Abs. (1) der Allgemeinen Geschäftsbedingungen der Deutschen Börse AG für den Freiverkehr an der Frankfurter Wertpapierbörse (AGBs) kann ein Teilnehmer die Einbeziehung für Aktien in den Entry Standard auch gleichzeitig mit dem Antrag auf Einbeziehung in den Open Market beantragen.

Gemäß § 16 Abs. (2) der AGBs gelten die Bestimmungen des Ersten und Zweiten Abschnitts der AGBs mit Ausnahme der § 13 Abs. 1 Satz 2, lit c) und e) für den Entry Standard. Die § 13 Abs. 1 Satz 1 lit c) und e) regeln, dass nur Gesellschaften mit einem Eigenkapital von mindestens 500 000 Euro, das in Aktien mit einem Mindestnominalwert von 0,10 Euro eingeteilt ist, für eine Einbeziehung ihrer Aktien in den Open Market qualifizieren. Diese Beschränkung gilt demnach für den Entry Standard nicht, es können also auch Unternehmen mit einem niedrigeren Eigenkapital sowie Aktien mit einem niedrigeren Nennwert in den Entry Standard einbezogen werden.

Gemäß § 16 Abs. (3) der AGBs müssen weiter folgende Voraussetzungen vorliegen:

(a) eine Verpflichtungserklärung des Antragsstellers, mit der sich dieser der Pflicht unterwirft, die Emittentin mit kaufmännischer Sorgfalt geprüft zu haben und mit der er die Deutsche Börse AG von einer etwaigen Haftung freistellt

(b) ein aktueller Handelsregisterauszug

(c) eine gültige Satzung oder ein Gesellschaftsvertrag

(d) eine schriftliche Zustimmung der Emittentin zur Einbeziehung der Aktien in den Entry Standard

(e) ein Konzernabschluss nach den nationalen Rechnungslegungsvorschriften oder nach International Financial Reporting Standards

(f) ein Unternehmenskurzporträt

(g) ein Vertrag mit einem Listingpartner der Deutschen Börse AG.

Der antragstellende Teilnehmer hat im Folgenden vor allem auf die Erfüllung der in § 17 Abs. (2) der AGBs geregelten Berichtspflichten (a) über wertbeeinflussende Tatsachen, (b) eines Jahresabschlusses innerhalb der ersten sechs Monate des Folgegeschäftsjahrs, (c) eines Halbjahresabschlusses innerhalb von drei Monaten nach Ende des Geschäftshalbjahrs, (d) eines jährlich aktualisierten Unternehmenskurzportraits sowie (e) eines Unternehmenskalenders zu drängen. Tut er dies nicht, können gemäß § 18 der AGBs pro schuldhaftem Verstoß Vertragsstrafen von bis zu 10 000 Euro gefordert und die Einbeziehung in den Entry Standard gekündigt sowie der Handel ausgesetzt werden.

Für den Entry Standard gilt also, dass sich der Emittent inhaltlich selbst vorstellen muss. Dies erfolgt durch ein Unternehmensporträt sowie die Vorlage eines geprüften Jahresabschlusses. Beides muss laufend aktualisiert werden. Zusätzlich verpflichtet die Deutsche Börse AG den antragstellenden Wertpapierhändler, dafür zu sorgen, dass die Angaben richtig sind und dass die Aktualisierungen und Veröffentlichungen regelmäßig erfolgen. Darüber hinaus haftet auch der Listingpartner, den der Emittent engagieren muss, dafür, dass das Listing sorgfältig und inhaltlich richtig vorbereitet wurde. Damit sind die formellen Voraussetzungen für ein Listing am Entry Standard nicht gerade strenger als die eines Listings am First Quotation Board. Ganz in Gegenteil werden ja durch die Ausschließung der § 13 Abs. 2 lit. c.) und e.) der AGBs deren letzte Verschärfungen gerade wieder aufgehoben.

Die Änderungen der Allgemeinen Geschäftsbedingungen der letzten drei Jahre zeigen das Bestreben der Deutschen Börse AG, einerseits einen attraktiven Marktplatz für kleine und mittelständische Unternehmen mit niedrigen Einstiegshürden zu bieten, dabei aber gleichzeitig zu verhindern, dass dieser missbraucht wird. Dies ist natürlich auch Betreibern von Börsen und Handelsplattformen bekannt. Gleichzeitig ist es aber ihr Geschäftszweck, solche Handelsplattformen Unternehmen anzubieten, die Zugang zum Kapitalmarkt suchen. Dies wird auch von zahlreichen Unternehmern konstruktiv und mit Erfolg genutzt, aber eben auch von Betrügern missbraucht.

Die Betrachtung konzentriert sich auf die Anderung der Allgemeinen Geschäftsbedingungen seit 2007 und auf die darin enthaltenen Regelungen der Zugangsvoraussetzungen für Aktien zum First Quotation Board. Die Voraussetzungen zur Einbeziehung von Aktien in den Handel im Entry Standard sind in dieser Zeit im Wesentlichen unverändert geblieben. Die folgende Darstellung zeigt, dass Änderungen der Allgemeinen Geschäftsbedingungen nicht nur reaktiv zur Verhinderung von Missbrauch erfolgten, sondern auch progressiv, um mehr und neue Erstlistings zu erreichen.

Die folgende Zusammenfassung einer Statistik von Einbeziehungen im First Quotation Board für den Zeitraum Juni 2007 bis Dezember

2011 zeigt die Anzahl der monatlich neu in den Handel einbezogenen Unternehmen dar. Die Zusammenfassung haben wir anhand der auf der Internetseite der Deutschen Börse AG erhältlichen Daten erstellt.[4]

Monat/Jahr	Deutschland	Schweiz	Großbritannien	USA	Kanada	Sonst.	Summe Neulistings
Jun 07	6	6	2	2			16
Jul 07	5	4	1			1	11
Aug 07	5	3		2	2	2	14
Sep 07	6	4	2	3			15
Okt 07	8	5		2		1	16
Nov 07	7	7	1		1	5	21
Dez 07	6	10	2	1		3	22
Jan 08	2	4	3		1	2	12
Feb 08	1	6	4	2		1	14
Mrz 08	3	3	1	2	1	2	12
Apr 08	8	1	3	2	2	3	19
Mai 08	3	8		4	2	4	21
Jun 08	6	8	2	1	1	1	19
Jul 08	4	4			2	2	12
Aug 08	1	6	1		2	4	14
Sep 08	6	23	1	1	2		33
Okt 08	4	4	1			1	10
Nov 08	1	1	1				3
Dez 08	2	4	1	1		3	11
Jan 09		4	1		1	1	7
Feb 09	2	3	2	1	1		9
Mrz 09	2	1				1	4
Apr 09				1		1	2
Mai 09	1		1	1			3

Die folgende Grafik zeigt die Entwicklung der Anzahl der monatlichen Einbeziehungen und stellt diese in Beziehung zu den von der Deutschen Börse AG vorgenommen Änderungen der Allgemeinen Geschäftsbedingungen. Die Grafik haben wir auf Basis der vorstehenden Statistik erstellt. Die Änderungen der Geschäftsbedingungen sind im Archiv auf der Internetseite der Deutschen Börse AG erhältlich.[5]

Mit Open-Market-Rundschreiben vom 31. Oktober 2007 wurde eine umfassende Änderung der Allgemeinen Geschäftsbedingungen für den Freiverkehr an der Frankfurter Wertpapierbörse zum 15. November 2007 bekanntgegeben.[6]

In § 13 der AGBs in der Fassung vom 31. Oktober 2007 ist geregelt, dass Wertpapiere in den Open Market einbezogen werden können, wenn

- sie über eine International Securities Identification Number (ISIN) verfügen,
- sie frei handelbar sind,
- eine ordnungsgemäße Erfüllung der Geschäfte gewährleistet ist,
- dem Börsenhandel keine behördlichen Verbote oder Untersagungen entgegenstehen,
- sie entweder bereits zum Handel an einem in- oder ausländischen organisierten Markt zugelassen sind oder ein für sie erstellter Prospekt vorliegt, der von einer von der DBAG (Deutschen Börse AG) anerkannten in- oder ausländischen Behörde gebilligt worden ist.

Die Verpflichtung, einen gebilligten Prospekt vorzulegen, kann durch die Erstellung eines Exposés gemäß den näher definierten Bedingungen der Deutschen Börse AG ersetzt werden.

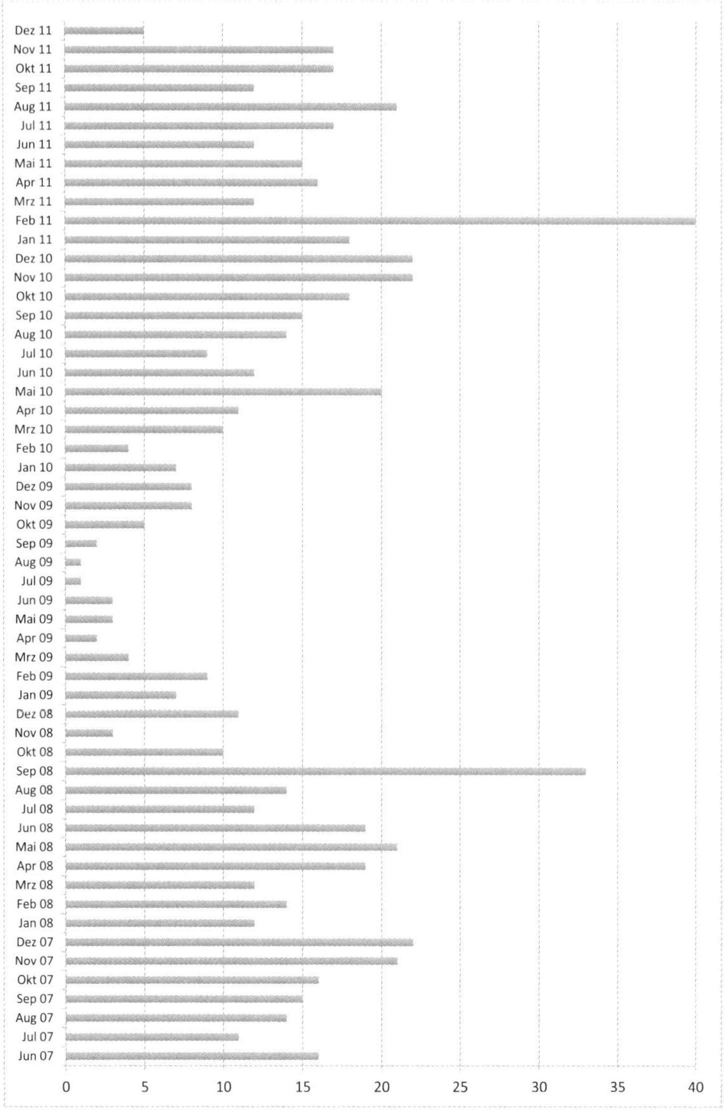
Dez 11
Nov 11
Okt 11
Sep 11
Aug 11
Jul 11
Jun 11
Mai 11
Apr 11
Mrz 11
Feb 11
Jan 11
Dez 10
Nov 10
Okt 10
Sep 10
Aug 10
Jul 10
Jun 10
Mai 10
Apr 10
Mrz 10
Feb 10
Jan 10
Dez 09
Nov 09
Okt 09
Sep 09
Aug 09
Jul 09
Jun 09
Mai 09
Apr 09
Mrz 09
Feb 09
Jan 09
Dez 08
Nov 08
Okt 08
Sep 08
Aug 08
Jul 08
Jun 08
Mai 08
Apr 08
Mrz 08
Feb 08
Jan 08
Dez 07
Nov 07
Okt 07
Sep 07
Aug 07
Jul 07
Jun 07
0
5
10
15
20
25
30
35
40

Abbildung 2

Es ist eindeutig geregelt, dass auch bei Erfüllung dieser Voraussetzungen der Emittent keinen Anspruch auf Einbeziehung hat und die Deutsche Börse AG weitere Einbeziehungsvoraussetzungen festlegen kann.

Im Jahr 2008 wurden die AGBs weiter umfassend geändert. Mit Schreiben vom 12. September 2008 gab die Deutsche Börse AG bekannt, dass neben den geltenden Einbeziehungsvoraussetzungen mit § 15 der AGBs neu die Voraussetzung eingeführt würde, dass der Emittent ein in bar eingezahltes Grundkapital von 250 000 Euro nachweisen müsse.[7] Mit Rundschreiben vom 14. November 2008 wurden die erneut neu mit Wirkung zum 1. Dezember 2008 gefassten AGBs bekannt gegeben.[8] Dort ist in § 15 AGB geregelt, dass ein Emitent, dessen Aktien in den Handel des First Quotation Board einbezogen werden sollen, neben den in § 13 Abs. 1 Satz 1 lit. a) bis d) geregelten Voraussetzungen durch Bestätigung eines zugelassenen Rechtsanwalts oder zugelassenen Wirtschaftsprüfers nachweisen muss, dass das Unternehmen ein in bar eingezahltes Grundkapital von mindestens 250 000 Euro hat.

Die Ursache dieser Regelung war, Listings von sogenannten Pennystocks zu begrenzen. Bis zur Anhebung des Mindestkapitals war es nämlich möglich gewesen und wurde auch so gehandhabt, beispielsweise Schweizer Aktiengesellschaften mit einem Nominalkapital von 100 000 CHF, das in 10 000 000 Aktien mit einem Nennwert von 0,01 CHF (ein Rappen)[9] eingeteilt war, in den Handel im Freiverkehr einzubeziehen. Da die mit der Gründung solch einer Gesellschaft sowie dem Listing verbundenen Kosten relativ niedrig waren, wurde diese Möglichkeit vielfach missbraucht, indem Gesellschaften ohne operatives Geschäft an die »Börse« gebracht und dann die Aktien an ahnungslose Investoren und Spekulanten abverkauft wurden. Oft hatten die Initiatoren dabei gar nicht die Absicht, etwaiges generiertes Kapital in das Unternehmen zu investieren, sondern sie wollten sich kurzfristig auf Kosten der Anleger bereichern.

Mit Rundschreiben vom 9. April 2009 erläuterte die Deutsche Börse AG die im Jahr 2008 vorgenommenen Änderungen wie folgt[10]:

»Im FQB (First Quotation Board) werden nur Aktien oder aktienvertretende Zertifikate einbezogen, die an keinem anderen anerkannten Handelsplatz gehandelt werden, wobei allerdings durch das Erfordernis eines bestimmten Grundkapitals und eines jährlichen Entgeltes zusätzliche Einbeziehungskriterien eingeführt wurden. Es existieren in der Regel für diese Unternehmen nur sehr geringe oder sogar keine Transparenzanforderungen oder Corporate-Governance-Regeln von Behörden des Heimatlandes. In diesem Segment sollten daher nur Anleger investieren, die diese Risiken beurteilen und tragen können. Diese Unternehmen sind im ›Wertpapier Service System‹ (WSS) durch die Bezeichnung ›FRAFQB‹ eindeutig für alle Marktteilnehmer zu identifizieren, sodass sie insbesondere für Investoren mit besonderen Risikohinweisen versehen werden können und sollten.

Dagegen können im SQB (Second Quotation Board) nur Aktien oder aktienvertretende Zertifikate einbezogen werden, die zum Zeitpunkt der Einbeziehung bereits an einem anderen anerkannten in- oder ausländischen börsenmäßigen Handelsplatz notiert werden. Daher müssen Unternehmen in ihrem Heimatland gegebenenfalls entsprechende Folgepflichten nach Heimatrecht erfüllen. Aber auch hier sollten Anleger investieren, die diese Risiken beurteilen und tragen können. Diese Unternehmen sind im WSS durch die Bezeichnung ›FV‹ ohne weiteren Zusatz für alle Marktteilnehmer identifizierbar und können somit ebenfalls für Investoren mit besonderen Risikohinweisen versehen werden.«

Diese Erklärung lässt den schmalen Grad, auf dem die Börse bei der Regelung des Freiverkehrs wandert, deutlich werden: Sie möchte jungen und kleinen/mittelständischen Unternehmen, auch aus dem Ausland, eine Handelsplattform bieten, die niedrige Einstiegshürden und wenig Folgepflichten aufweist. Wegen der dadurch fehlenden Transparenz ist das Marktsegment »Open Market« nur für risikobewusste Investoren geeignet. Nur diese »sollten« investieren. Wegen der niedrigen Einstiegshürden ist ja die Einbeziehung in den Open Market mit keinerlei Qualitätssiegel verbunden. Dieses ist den Investoren jedoch oft nicht bewusst. Etwaige Kennzeichnungen der Unternehmen werden ignoriert und die Gier gewinnt schnell die Oberhand. Wenn dann sogar noch eventuell von Telefonverkäufern oder durch Unternehmensbewertungen die Werthaltigkeit des Unternehmens künstlich angehoben wird, lassen viele Investoren sämtliche Vorsicht außer Acht. Bei vielen gelten dann angebliche Regeln wie: »Die Börse hat immer recht.«

Mit Rundschreiben vom 19. Juni 2009 beschränkte die Deutsche Börse AG die Möglichkeit, bereits an anderen Handelsplätzen notierte Aktien auch in den Open Market einzubeziehen (Second Quotation Board), gemäß § 12 Abs. 1 AGB auf solche Aktien, die an von der Deutschen Börse AG »anerkannten« Handelsplätzen bereits gehandelt wurden.[11] Durch diese Änderung schloss die Deutsche Börse AG das Schlupfloch der Zweitlistings von wertlosen Pennystocks, die an Handelsplätze mit noch niedrigeren Einstiegshürden erstnotiert waren – wie die Pinksheets in den USA oder verschiedenen OTC[12]-Plattformen.

Mit Rundschreiben vom 21. Januar 2011 wurde die vorläufig letzte Verschärfung der Einbeziehungsvoraussetzungen in das First Quotation Board mit Wirkung zum 14. Februar 2011 bekanntgegeben.[13] Danach mussten Emittenten durch Vorlage einer Bestätigung eines Wirtschaftsprüfers nachweisen, dass das Unternehmen, dessen Aktien in den Freiverkehr einbezogen werden sollten, über ein Eigenkapital von mindestens 500 000 Euro oder einen entsprechenden Betrag in anderer Währung verfügt und die einzubeziehenden Aktien einen Mindestnennwert von 0,10 Euro oder einem entsprechenden Betrag in anderer Währung hätten. Diese neue Regelung war bei Vorlage eines gebilligten Wertpapierprospekts nicht anwendbar.[14] Unternehmen, deren Aktien oder Aktien vertretende Zertifikate bereits in den Handel am Open Market einbezogen waren, bekamen bis zum 30. September 2011 Zeit, um die neuen Voraussetzungen zu erfüllen. Täten sie dies nicht, würde die Deutsche Börse AG die Einbeziehung mit einer Frist von sechs Wochen kündigen. Dies erfolgte am 30. September 2011 auch für 175 Unternehmen, deren Aktien am 15. November 2011 vom Handel ausgeschlossen wurden.

Auch diese letzte Regelverschärfung trug nicht dazu bei, Missbrauch in Form der Marktmanipulation zu verhindern. Denn auch diese Regelung hatte zahlreiche Schwächen und bot Lücken:

> Zum einen ist ganz bewusst nur die Rede von »Eigenkapital«, also Nominalkapital plus Kapitalrücklage und etwaige weitere Bilanzpositionen, die das Eigenkapital umfasst.

> Der das Eigenkapital bestätigende Wirtschaftsprüfer muss durch einen Satz bestätigen, dass das Unternehmen zu einem Stichtag das »Eigenkapital« hat. Diese Bestätigung kann auch auf Basis der vom Unternehmen selbst erstellten Unterlagen oder einer Dokumentation erteilt werden.

> Der Wirtschaftsprüfer muss seinen Sitz nicht in Deutschland oder Europa haben, ist also für die Deutsche Börse AG möglicherweise gar nicht greifbar.

> Die Frage, was »Eigenkapital« darstellt, d. h. welche Bilanzpositionen es umfasst und wie man seine Werthaltigkeit buchhalterisch nachweist, ist nach dem anwendbaren nationalen Recht zu beurteilen. Während das HGB in Deutschland hierzu strenge Regeln vorschreibt, sind andere Rechnungslegungsvorschriften und Darlegungspflichten weniger streng. In manchen Rechtsordnungen können Kapitalerhöhungen sehr leicht tatsächlich umgesetzt und eingetragen werden, ohne dass das Handelsregister eine Kapitalerbringung prüft.

Somit war vorauszusehen, dass diese rein formalen Einbeziehungsvoraussetzungen wiederum vielfach missbraucht wurden.[15] Wenn sie schon nicht geeignet waren, strafrechtlich relevante Handlungen zu verhindern, waren sie aber auch nicht geeignet, die Qualität der Unternehmen, die den Weg an den Open Market suchten, zu verbessern.

Dies erfolgt aber durch die nun geltenden Voraussetzungen für den Entry Standard. Diese nehmen den Antragsteller für die Einbeziehung in die Pflicht sowie den vom Unternehmen zu engagierenden Listingpartner in die Pflicht, darauf zu achten, dass sich hinter dem zu listenden Unternehmen ein reales Geschäft verbirgt. Die Regelungen lassen weiterhin Holdingstrukturen zu, auch von neu gegründeten Holdinggesellschaften. Allerdings wird die Deutsche Börse AG sich dann sicherlich ausführliche Unterlagen – insbesondere geprüfte Jahresabschlüsse der Tochtergesellschaften der Holding, deren Aktien in den Entry Standard einbezogen werden sollen – vorlegen lassen. Dies sowie die fortlaufenden Folgepflichten der Marktteilnehmer, Listingpartner und damit auch der Emittenten führt zwar dazu, dass formalisierte und damit im Verfahren vereinfachte Listings nicht mehr möglich sein werden, stellt aber sicher, dass sich alle Beteiligten eingehend mit dem Unternehmen befassen und, da sie sich der Deutschen Börse AG gegenüber selbst verpflichten, unter Umständen die Betreuung von dubiosen Gesellschaften ablehnen werden.

Damit sind die jetzt geltenden Einbeziehungsvoraussetzungen ähnlich denen anderer Freiverkehrssegmente deutscher Börsen – wie beispielsweise der Berliner Börse oder der Baden-Württembergischen Wertpapierbörse, wobei auch diese Börsen ihre Allgemeinen Geschäftsbedingungen geändert haben.

In § 7 und § 8 der Freiverkehrsrichtlinien der Baden-Württembergischen Wertpapierbörse vom 1.11.2008 waren die Einbeziehungsvoraussetzungen für Wertpapiere in den Freiverkehr nur sehr unspezifisch geregelt. Dabei war wesentlich, dass der Antragsteller Folgendes sicherstellen musste: den ordnungsgemäßen Börsenhandel und die Abwicklung sowie die rechtzeitige und fortlaufende Unterrichtung des Trägers und der Geschäftsführung der Börse über Dividenden, Bezugsrechte, Kapitalmaßnahmen, Fälligkeiten, Verlosungen, Zinsänderungen und alle weiteren für die Preisermittlung wesentlichen Umstände, insbesondere auch über die Aussetzung der Notierung, ein Delisting oder eine Herabstufung in ein anderes Marktsegment an der Heimatbörse des Wertpapiers. Der Börsenträger konnte den Antrag auf Einbeziehung eines Wertpapiers insbesondere dann ablehnen, wenn die Voraussetzungen für die Bildung eines börsenmäßigen Marktes für das Wertpapier nicht gegeben sind, der Einbeziehung Anlegerschutzinteressen entgegenstehen oder die Einbeziehung zur Schädigung erheblicher allgemeiner Interessen führen kann.[16] Einen Anspruch auf Einbeziehung gab es natürlich nicht.

Die seit dem 7.11.2011 geltende Regelung ist etwas detaillierter:[17]

In § 9 der Geschäftsbedingungen für den Freiverkehr an der Baden-Württembergischen Wertpapierbörse sind die Einbeziehungsvoraussetzungen für Wertpapiere, die noch nicht an einem anderen Handelsplatz gehandelt werden, geregelt. Danach können Wertpapiere einbezogen werden, wenn

1. sie über eine International Securities Identification Number (ISIN) verfügen,

2. sie frei handelbar sind,

3. eine ordnungsgemäße Erfüllung der Geschäfte gewährleistet ist,

4. dem Börsenhandel keine behördlichen Verbote oder Untersagungen entgegenstehen und

5. die Bildung eines ordnungsgemäßen Börsenhandels gewährleistet ist. Eine Gewährleistung ist insbesondere gegeben, wenn

   a) der Mindestbetrag der einbezogenen Wertpapiere nominal 250 000 Euro bzw. dessen Gegenwert in Fremdwährung beträgt,

   b) die Mindeststückzahl, die dem Handel bei Handelsbeginn zur Verfügung steht, mindestens 10 000 Stück beträgt,

   c) im Falle der Einbeziehung von Aktien der Antragsteller durch Bestätigung eines zugelassenen Rechtsanwalts oder Wirtschaftsprüfers nachweist, dass ein Grundkapital des Emittenten von mindestens 250 000 Euro durch Bareinlage eingezahlt ist, und

d) im Falle der Einbeziehung von Aktien der Streubesitz 20 Prozent beträgt. Dabei sind unter Streubesitz (Free Float) die Aktien zu verstehen, die an der Börse handelbar sind und sich nicht im Festbesitz der Unternehmenseigner, Organmitglieder oder Mitarbeiter (einschließlich der Familienangehörigen) befinden. Die Aktien müssen dem Handel zur Verfügung stehen. Die Höhe des Streubesitzes ist gegebenenfalls in geeigneter Form nachzuweisen.

Der Träger ist berechtigt, weitere Einbeziehungsvoraussetzungen zu bestimmen.

Gemäß § 10 der Geschäftsbedingungen muss der Antrag folgende Angaben enthalten:

1. Firma und Sitz des Antragstellers

2. Art, Gattung und den Betrag der einzubeziehenden Wertpapiere (einschließlich Angabe der WKN/ISIN)

3. Angabe, ob im Zusammenhang mit der Einbeziehung ein öffentliches Angebot erfolgt ist oder erfolgen soll

4. Angabe darüber, ob bzw. an welchem anderen in- oder ausländischen Handelsplatz ein gleichlautender Antrag gestellt wurde oder wird

5. Angaben über Valuta, Datum der Notierungsaufnahme, Notierungsart (Prozent- oder Stücknotiz), Art der Preisermittlung (Einheitspreis und/oder fortlaufender Handel), kleinste handelbare Einheit

6. Firma und Sitz des Emittenten

7. Sofern die Wertpapiere an einem anderen in- oder ausländischen Handelsplatz gehandelt werden, muss der Antrag darüber Angaben machen.

Damit hat die Baden-Württembergische-Wertpapierbörse die Einbeziehungsvoraussetzungen für Wertpapiere in den Freiverkehr detaillierter geregelt und formalisiert. Ein Anspruch auf Einbeziehung besteht natürlich dennoch nicht. Allerdings bleibt abzuwarten, ob diese neuen Bedingungen eine inhaltliche Prüfung des jeweiligen Unternehmens vermeiden lassen, oder ob sich der Börsenträger im Einzelfall weitergehende Unterlagen wie beispielsweise Jahresabschlüsse oder einen Business-Plan vorlegen lässt. Die Möglichkeit dazu ist vorhanden, da der Börsenträger berechtigt ist, weitere Einbeziehungsvoraussetzungen zu bestimmen.[18]

Für den Freiverkehr der Berliner Börse AG sind die Einbeziehungsvoraussetzungen in § 3 und § 4 der Geschäftsbedingungen geregelt.[19] Danach kann die Geschäftsführung einen Antrag auf Einbeziehung von Wertpapieren in den Freiverkehr insbesondere dann ablehnen, wenn die Voraussetzungen für die Bildung eines börsenmäßigen Marktes nicht gegeben sind, die Einbeziehung Anlegerschutzinteressen widersprechen würde oder eine Schädigung allgemeiner Interessen zu besorgen wäre. Die Geschäftsführung ist aber auch berechtigt, Einbeziehungsanträge ohne Angabe von Gründen abzulehnen. In § 4 ist sehr detailliert geregelt, welche Angaben der Antrag auf Einbeziehung in den Handel am Freiverkehr der Berliner Börse AG enthalten muss:

(a) vollständiger Name und Sitz des Emittenten

(b) Mitteilung, ob Gegenstand des Handels die Aktien des Unternehmens selbst oder diese stellvertretende Zertifikate sein werden

(c) Wertpapierkennnummer oder ISIN

(d) gegebenenfalls Kurzbeschreibung des Unternehmensgegenstandes der Gesellschaft

(e) gegebenenfalls die Ausstattung

(f) Benennung des organisierten Marktes oder multilateralen Handelssystems (MTF), an dem die Wertpapiere des Emittenten bereits gehandelt werden, und gegebenenfalls des Marktsegments

Liegen gemäß § 4 Abs. (3) die Voraussetzungen von Absatz 1 nicht vor, muss der Antragsteller über die gemäß Absatz 1 Buchstabe a) bis f) geforderten Angaben hinaus ein vom Emittenten autorisiertes Exposé bzw. einen Wertpapierprospekt gemäß dem Wertpapierprospektgesetz vorlegen, in dem ein zutreffendes Bild über die rechtlichen und wirtschaftlichen Verhältnisse des Emittenten vermittelt wird.

Das Exposé soll insbesondere enthalten:

(a) eine Erklärung des Vorstandes des Emittenten, dass alle Angaben vollständig und richtig sind und keine wesentlichen Angaben unterdrückt worden sind

(b) Angaben über die Wertpapiere (insbesondere Stückzahl, Gesamtnennbetrag, Zahl- und Hinterlegungsstelle)

(c) Angaben über den Emittenten, insbesondere den satzungsgemäßen Gegenstand des Unternehmens

(d) Angaben über das Kapital des Emittenten

(e) Angaben über die Geschäftstätigkeit des Emittenten

(f) Angaben über die Vermögens-, Finanz- und Ertragslage des Emittenten, mindestens für das letzte abgeschlossene Geschäftsjahr

(g) Angaben über die Prüfung des Jahresabschlusses des Emittenten, mindestens für das letzte abgeschlossene Geschäftsjahr

(h) Angaben über Geschäftsführungs- und Aufsichtsorgane des Emittenten

(i) Angaben über den jüngsten Geschäftsgang und die Geschäftsaussichten des Emittenten

Das zeigt, dass die Berliner Börse Wert darauf legt, sich mit der Geschäftstätigkeit des Emittenten inhaltlich auseinanderzusetzen, soweit dessen Wertpapiere nicht bereits an einem anderen Markt notiert sind. Diese Orientierung an der Geschäftstätigkeit des Emittenten neben der Voraussetzung bestimmter formell-technischer Grundbedingungen geht so weit, dass sich die Geschäftsführung gemäß § 4 Abs. (6) ausnimmt, »in begründeten Ausnahmefällen einen Handel auch zuzulassen, ohne dass die Voraussetzungen für die Einbeziehung vorliegen, wenn des Handelsinteresse der Anleger oder strategische Überlegungen im Freiverkehr der Börse Berlin dies opportun erscheinen lässt.« Zusätzlich ist der Antragsteller gemäß Abs. (7) verpflichtet, einen ordnungsgemäßen Börsenhandel zu gewährleisten und die Geschäftsführung von wesentlichen wertbeeinflussenden Umständen zu informieren.

Letztlich stellt sich die Frage, ob die Änderungen der Allgemeinen Geschäftsbedingungen die Anzahl von Listings am First Quotation Board beeinflusst haben und welche Rückschlüsse daraus zu ziehen sind.

In der folgenden Grafik sind die wesentlichen Änderungen der Allgemeinen Geschäftsbedingungen für den Open Market in grünen Pfeilen eingezeichnet.

Ein wesentlicher Anstieg von Neulistings im First Quotation Board war in den Monaten September 2008 und Februar 2011 zu verzeichnen. Im September 2008 wurde die Voraussetzung des Nachweises eines in bar eingezahlten Nominalkapitals von mindestens 250 000 Euro eingeführt. Im Februar 2011 wurde neu eingeführt, dass jedes Unternehmen ein Eigenkapital von 500 000 Euro und Aktien mit einem Mindestnennwert von 0,10 Euro nachweisen müsse. Diese Änderungen legten neue formelle Voraussetzungen fest, ohne dass sie geeignet gewesen wären, qualitativ minderwertige Unternehmen auszusieben.

Betrachtet man die in diesen Monaten in den Handel einbezogenen Aktien näher, fällt auf:

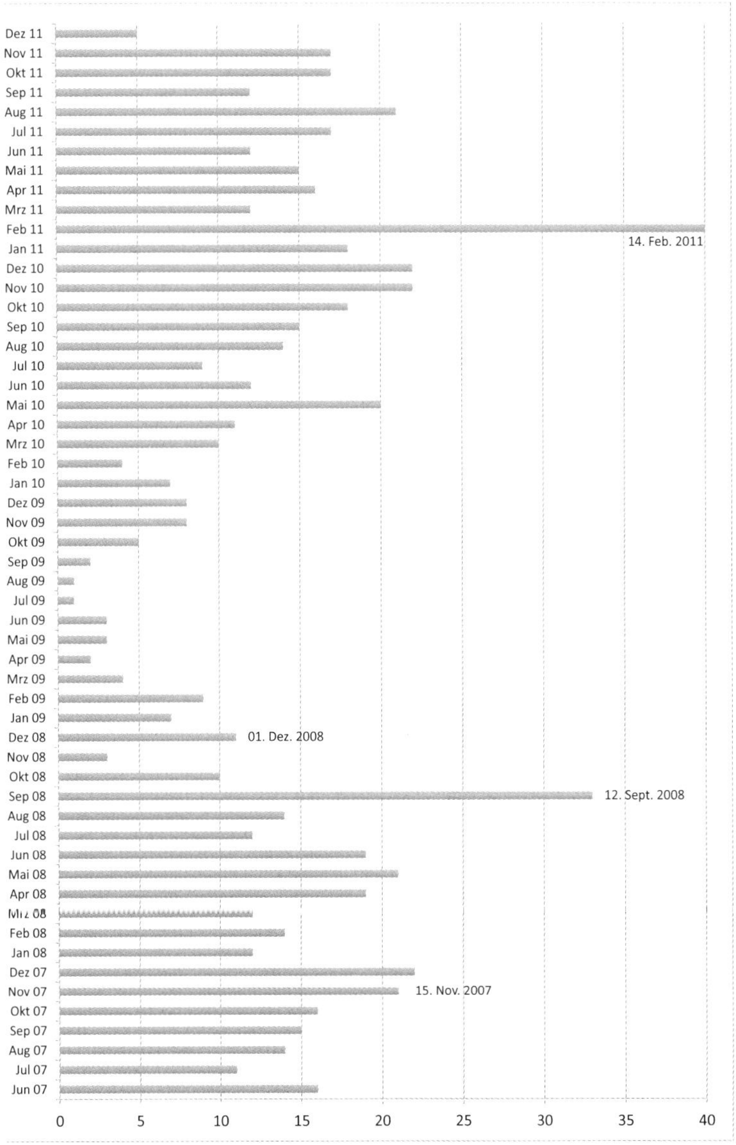
Dez 11
Nov 11
Okt 11
Sep 11
Aug 11
Jul 11
Jun 11
Mai 11
Apr 11
Mrz 11
Feb 11
Jan 11
Dez 10
Nov 10
Okt 10
Sep 10
Aug 10
Jul 10
Jun 10
Mai 10
Apr 10
Mrz 10
Feb 10
Jan 10
Dez 09
Nov 09
Okt 09
Sep 09
Aug 09
Jul 09
Jun 09
Mai 09
Apr 09
Mrz 09
Feb 09
Jan 09
Dez 08
Nov 08
Okt 08
Sep 08
Aug 08
Jul 08
Jun 08
Mai 08
Apr 08
Mrz 08
Feb 08
Jan 08
Dez 07
Nov 07
Okt 07
Sep 07
Aug 07
Jul 07
Jun 07
14. Feb. 2011
01. Dez. 2008
12. Sept. 2008
15. Nov. 2007
0
5
10
15
20
25
30
35
40

Abbildung 3

Im September 2008 wurden allein 23 Schweizer Unternehmen ins First Quotation Board einbezogen, nur sechs deutsche, ein britisches, zwei kanadische und eines aus einem anderen Land. Die Masse der Schweizer Unternehmen wurde nach Bekanntgabe der Änderungen der Geschäftsbedingungen einbezogen.

Im Februar 2011 wurde kein einziges Schweizer Unternehmen einbezogen[20], auch nicht, nachdem die neue Änderung der AGBs am 14. Februar 2011 wirksam wurde. Allein am 14. Februar 2011 wurden 14 Unternehmen aus Großbritannien, Kanada und den USA in den Handel am First Quotation Board einbezogen. Insgesamt überwogen im Februar 2011 Unternehmen aus Großbritannien und Kanada, nämlich 32.

Ansonsten scheint die Anzahl der monatlichen Neulistings relativ konstant zu sein. Lediglich nach der letzten wesentlichen Änderung der AGBs zum 14. Februar 2011 ist auffällig, dass die Anzahl der gelisteten Unternehmen aus Großbritannien stark zugenommen hatte, während Schweizer und Deutsche Unternehmen stark unterrepräsentiert sind. Möglicherweise liegt dies daran, dass die Darstellung des Eigenkapitals in Großbritannien wesentlich einfacher ist als in Deutschland oder in der Schweiz, wo das Nominalkapital vor Eintragung im Handelsregister nachgewiesen sein muss. Es scheint also so, als seien rein formelle Einbeziehungsvoraussetzungen nicht geeignet, um die Wertschätzung eines Marktsegments zu steigern. Auf rein formelle Änderungen scheinen am schnellsten diejenigen zu reagieren, denen es gerade nicht darauf ankommt, am Kapitalmarkt nachhaltig zu bestehen und Substanz zu erzeugen. Der einzige mögliche Weg, um die Qualität im Freiverkehr zu gewährleisten, ist, die Emittenten inhaltlich zu bewerten und diese Prüfpflicht zusätzlich qualifizierten Beratern aufzuerlegen, die dem Börsenbetreiber gegenüber für die Werthaltigkeit der in den Handel einzubeziehenden Aktien geradestehen und das Unternehmen im Folgenden konstant betreuen. Diesen Schwerpunkt haben die Börsen in Berlin und Stuttgart für ihre Freiverkehrssegmente gesetzt. Die Deutsche Börse AG tut dies mit dem Entry Standard.

Listing als Finanzierungsquelle

Letztlich ist ein Listing, d. h. die Einbeziehung von Wertpapieren in einen Freiverkehr, nur ein Instrument, um Kapital zu generieren. Dies kann erfolgen, indem eine Kapitalerhöhung platziert wird oder indem der Unternehmer eigene Aktien platziert und das Geld seinem Unternehmen zur Verfügung stellt.

Ist das Ziel des Unternehmers, Kapital zu generieren, sollte er das Listing so vorbereiten, dass er ein öffentliches Angebot durchführen kann. Dafür ist auf jeden Fall Voraussetzung, dass ein Wertpapierprospekt erstellt und von der zuständigen Aufsichtsbehörde gebilligt wird. Die Erstellung eines Wertpapierprospekts ist ein stark formalisierter Vorgang, der genutzt werden kann, um das Unternehmen sowie dessen »Equity Story« sorgfältig zu analysieren und auszufeilen. Nur mit einem Wertpapierprospekt kann das Unternehmen Marketingmaßnahmen durchführen, die bewirken, dass nach einer Einbeziehung der Aktien in den Freiverkehr ein Markt entsteht, d. h. es auch Interessenten gibt, die Aktien des Unternehmens kaufen wollen. Solch eine Nachfrage muss mit geeigneten Marketingmaßnahmen erzeugt werden, die ohne ein öffentliches Angebot, also ohne Wertpapierprospekt, sehr beschränkt sind.

Auch institutionelle Anleger wollen im Regelfall sehen, dass das Unternehmen einen Wertpapierprospekt erstellt hat, da nur durch ein öffentliches Angebot ein Markt entsteht und die institutionellen Anleger die Möglichkeit haben, ihre Investition wieder zu liquidieren.

Darüber hinaus kann ein Unternehmer bei einem Listing im Freiverkehr, seien die Voraussetzungen auch noch so niedrig, mehr falsch als richtig machen. Die erforderlichen Ressourcen werden meist unterschätzt. Der Begriff »Börse« ist immer noch mit einem Mythos versehen, der für schnelles und leichtes Geld steht. Beachtet man bei einem Listing nicht gewisse Grundregeln, die in keinem Gesetz stehen, wird aus einer Chance, für sein Unternehmen Kapital zu generieren, schnell ein Reinfall.

Beispielsweise lassen sich Unternehmer oft genug verleiten, Berater und anderen Beteiligte großzügig in Aktien zu vergüten, um ihre Liquidität zu schonen. Dies hat jedoch zur Folge, dass nach der Herstellung der Handelbarkeit der Aktien diese neuen Aktionäre höchstwahrscheinlich versuchen, ihre Aktien als Erste zu veräußern. Dadurch entsteht Verkaufsdruck, der Aktienkurs sinkt und es wird schwieriger, eigene Aktien zu platzieren. Wenn man also Berater oder andere in Aktien vergütet, sollten diese entweder einem Lock-up (Veräußerungsbeschränkung) unterliegen oder auf einem Treuhandkonto gepoolt werden. Bei einem sogenannten Pooling transferieren die Aktionäre, die Parteien der Poolingvereinbarung sind, ihre Aktien auf ein Treuhanddepot. Die Aktien werden dann aus diesem Depot heraus veräußert und die Erlöse durch den Treuhänder anteilig den Begünstigten zugewiesen. Dies ist auch ein sinnvolles Mittel, um sicherzustellen, dass das Geld vorrangig dem Unternehmen zufließt und nicht erst den Aktionären.

Nur wenn alle Voraussetzungen für ein Listing mit dem Ziel, Kapital zu generieren, richtig bedacht sind, kann das Unternehmen mit einem solchen kleinen Börsengang Kapital generieren. Dann stellt ein Listing im Freiverkehr eine gute Alternative zu einer Fremdkapital- oder Private-Equity-Finanzierung dar. Leider werden solche kleinen Börsengänge meist unterschätzt, sodass der erhoffte Erfolg nicht eintritt. Seit jeher wurde der unregulierte Kapitalmarkt aber vor allem missbraucht, indem Aktien von Scheinfirmen nichtsahnenden Anlegern verkauft wurden. Die wenigen Unternehmen, die mit ehrlichem Vorsatz an den unregulierten Kapitalmarkt gingen, waren oft auch noch falsch beraten. Dies hat dazu geführt, dass die Börsenbetreiber Gänge an den unregulierten Kapitalmarkt sehr viel strenger als früher prüfen und nur noch sehr restriktiv zulassen. Ein gut vorbereiteter Gang an den unregulierten Kapitalmarkt, vor allem mit einem Wertpapierprospekt, ist jedoch weiterhin eine geeignete Maßnahme, um für sein Unternehmen Kapital zu generieren.

simplified

5 Missbrauchsrisiken bei der Unternehmensfinanzierung

Von Prof. Dr. Daniel Fischer[21]

Ausgangslage

Der Börsengang ist ein probates Mittel für Firmen, um auf dem Kapitalmarkt Geld zu beschaffen. Im Grundsatz ist dieser Weg aber hauptsächlich für einigermaßen kapitalstarke Unternehmen geeignet.

Bekanntlich dauert es in der Regel bis zu einem Jahr, um eine entsprechende vorbereitende Due Diligence (DD)[22] durchzuführen. Daneben bedarf es zur Börsenreife[23] beträchtlicher finanzieller Mittel, d. h., nur wer ein gewisses Kapital zur Finanzierung zur Verfügung hat, kann überhaupt einen solchen Börsengang beschreiten, gerade für Start-ups (Unternehmensgründung) ist dies äußerst schwierig.

In den letzten Jahrzehnten entstanden Alternativen, um auch kleineren Unternehmen den Weg zur Börse zu ermöglichen. Klassische Beispiele hierfür sind Binnenbörsen, z. B. das OTC Bulletin Board (OTCBB)[24] in den USA, der freie Markt in Frankfurt am Main[25], der Londoner Alternative Investment Market (AIM)[26] oder die Euronext[27] in Paris. Hier ist es möglich, für relativ wenig Geld und ohne Due Diligence eine »Börsennähe« zu generieren. In der Folge werden diesbezüglich die Begriffe »Open Market«, »Freiverkehr« und »freier Markt« synonym genutzt, in der Regel wird der »Open Market« gebraucht.

Zusätzlich kennen wir alternative Finanzierungsmöglichkeiten wie Crowdfunding, Crowdinvesting, SPACs[28], Mittelstandsanleihen sowie Finanzierung durch EU-Fördermittel und Finanzierungsmöglichkeiten für mittelständische Unternehmen.

Sinn und Zweck dieses Artikels ist, sowohl Geldnehmer als auch Geldgeber dahingehend zu sensibilisieren, ob eine Finanzoperation Berührungspunkte mit kriminellen Machenschaften hat, denn seit Jahren wird angenommen, dass jede fünfte finanzielle Transaktion zumindest teilweise kriminelle Elemente im weitesten Sinne beinhaltet.

Open Market – der erleichterte Börsengang

So begrüßenswert dieser erleichternde Weg grundsätzlich ist, genauso problematisch ist er; denn dieser »Börsengang« führt häufig dazu, dass kriminelle Subjekte, d. h. Anlagebetrüger, die Freiräume oder die ungenügenden Regelungen dieser »Börsen« ausnutzen, um strafrechtlich aktiv zu werden. Da die Regeldichte noch außerordentlich begrenzt ist – wobei zunehmend die Notwendigkeit erkannt wird, dass der Freiverkehr nicht mehr ganz »frei« sein soll –, kann das Regulieren weder den Börsenorganisatoren belassen noch nur vom Staat vorgegeben werden. Diesbezüglich sind engere, »bessere« Regelwerke notwendig. Der weltweite Missbrauch im Bereich des Freiverkehrs hat dazu geführt, dass das »frei« mehr und mehr ersetzt werden muss.

Zu viele Freiräume führten in der Vergangenheit sogar soweit, dass z. B. die 1906 gegründete Vancouver Stock Exchange (VSE)[29] 1999 faktisch geschlossen bzw. zusammen mit anderen Kanadischen Börsen in die Canadian Venture Exchange[30] überführt wurde. 1991 wurde davon ausgegangen, dass die Mehrheit der 2300 dort gehandelten Titel problematisch bzw. betrügerisch war. 1994 handelte ein Bericht[31] konkret davon, dass eine überaus große Anzahl dieser Titel fiktiv, betrügerisch oder kursmanipuliert waren.

2010 warnten Mitarbeiter der Eidgenössischen Finanzmarktaufsicht (FINMA) in einem Vortrag[32] über Trends im Bereich der illegalen

Finanzintermediäre öffentlich vor dem Freiverkehr an deutschen Börsen, da dieser häufig für problematische Titel missbraucht würde. Dass dem so ist, unterstreicht das Handeln der Verantwortlichen des Open Market[33] der Frankfurter Börse selbst. Sie verschärften die Bedingungen für die Teilnahme am First Quotation Board (FQB)[34] im November 2011, was dazu führte, dass sich 174 Gesellschaften von dieser Handelsplattform zurückziehen mussten.

Diese Maßnahme genügte aber offensichtlich nicht. In ihrem Rundschreiben vom 20. Dezember 2011[35] wurde vom Frankfurter Open Market festgehalten, dass es trotz der Verschärfungen der Einbeziehungsbedingungen zu Verdachtsfällen betreffend Marktmanipulationen gekommen sei.

Es wurde daraufhin beschlossen, ab Februar 2012 bis auf Weiteres keine Aktien bzw. sie vertretende Zertifikate in das First Quotation Board (FQB)[36] aufzunehmen.

Aufgrund der Erkenntnisse der Deutschen Börse, der Hessischen Börsenaufsicht sowie der Bundesanstalt für Finanzdienstleistungsaufsicht über die massiven und häufigen Verdachtsfällen auf Marktmanipulation in der Vergangenheit ist das First Quotation Board (FQB) in seiner seit Anfang 2011 bestehenden Form mit erhöhtem Schutz des Kapitalmarktes zum 15. Dezember 2012 eingestellt worden.

Im Rahmen der Neuausrichtung des Aktienmarktes im Jahr 2012 wurde das Second Quotation Board durch das Quotation Board (QB) ersetzt. In dieses werden auf Antrag neben Anleihen nur noch Aktien einbezogen, die ein Listing an einem anderen von der Deutschen Börse anerkannten in- oder ausländischen börsenmäßigen Handelsplatz haben. Der Spezialist wird künftig die Rolle des Antragstellers übernehmen. Er wird die Handelbarkeit des Wertes feststellen, indem er Liquidität spendet und die Verpflichtung übernimmt, Kapitalmaßnahmen und andere relevante Informationen der Deutschen Börse unverzüglich mitzuteilen.

Andere alternative Finanzierungsmöglichkeiten

In der Folge werden kurz die wichtigsten diesbezüglichen Werkzeuge beschrieben.

Unter der Finanzierungsalternative »Crowdfunding« versteht man die gemeinsame Finanzierung eines Projektes durch eine Vielzahl an Geldgebern, die meist aus einer anonyme Masse von Internetnutzern besteht.[37] Ein Ideengeber stellt seine Idee auf einer Plattform vor. Während des Crowdsourcings wird das Projekt getestet und der Ideengeber erhält ein Feedback aus der Community. Anschließend wird das Projekt für die eigentliche Crowdfundingphase freigeschaltet. Während dieser findet eine Bewerbung des Projekts u. a. durch Social Media, Blogs und E-Mails statt. Dadurch wird eine Finanzierung durch gewonnene Unterstützer erreicht, die bei einem erfolgreichen Abschluss des Crowdfundings – also der Realisierung des Projekts – Gegenleistungen erhalten.[38]

Als alternative Finanzierungsmöglichkeit für Start-up-Unternehmen steht das Crowdinvesting[39], bei dem sich Mikroinvestoren mit geringen Beträgen an Start-ups beteiligen und im Gegenzug Anteile an denselben erhalten. Auch hier werden die Kapitalgeber für das Start-up-Unternehmen über das Internet gesucht. Die Investoren profitieren von den Gewinnen der Start-ups und falls das Start-up an einen Großinvestor verkauft wird (Exit).

Eine weitere Alternative, um kleineren Start-up-Unternehmen die Finanzierung zu ermöglichen, ist durch SPACs. Die SPAC sammelt als Mantelgesellschaft zunächst über einen Börsengang Kapital und investiert dieses dann in die Übernahme eines Unternehmens[40], um dieses Zielunternehmen an die Börse zu bringen.[41] Die ersten beiden erfolgreichen Börsengänge von SPACs in Deutschland waren 2008 Germany One, die die Mehrheit an AEG Power Solutions übernahm, und 2010 Helikos, die die Schweizer Unternehmensgruppe Exceet übernahm.[42]

Mittelstandsanleihen[43] dienen mittelständischen Unternehmen zur flexiblen bankenunabhängigen Finanzierung über den Rentenmarkt, um Fremdkapital aufzunehmen. Dabei werden höhere Rendite- und niedrigere Sicherheitserwartungen gestellt als an Standardwerte bei Aktien.

Begriffsverwirrungen

Wie nachfolgend dargestellt wird, kennen viele Investoren die genaue Bedeutung der Begrifflichkeiten Open Market (freier Markt/Freiverkehr)[44], Crowdfunding, Crowdinvesting, SPACs[45] und Mittelstandsanleihen nicht. Das Ausnutzen dieser Unklarheiten fördert den Schwindel mit betrügerischen Finanzierungen. Viele Marktteilnehmer sind nicht darüber informiert, dass – wenn beispielsweise vom Open Market (freier Markt/Freiverkehr) der Frankfurter Börse gesprochen wird – damit nicht eine »regelrechte« regulierte Börse gemeint ist. Viele Investoren, insbesondere auch jene im Ausland, glauben, wenn die Bezeichnung »Open Market Frankfurter Börse« fällt, es handle sich hierbei um eine Vollbörse.

Generell finden wir im Kapitalmarktbereich bedauerlicherweise häufig einen missbräuchlichen Umgang mit Begrifflichkeiten. Da man beispielsweise Lehman-Brothers-Produkte mit dem Zusatz »kapitalgeschützt«[46] verkaufte, waren sehr viele Käufer der festen Überzeugung, dass »kapitalgeschützt« im wörtlichen Sinne zu verstehen ist. Leider hatten auch die Verkäufer der Absolute-Return-Produkte[47] keine Hemmung, die Leute im Glauben zu lassen, dass Absolute Return »alles Geld kommt zurück« bedeutet. Was den Terminus Börse betrifft, wird nicht behauptet, dass die Betreiber der »Quasibörsen« bewusst dieses Faktum ausnutzen; den Wertpapierbanken, welche diese Titel an die Börse bringen, sollte das Phänomen aber bekannt sein.

Unter Börse verstehen wir im klassischen Sinn eine durch staatliche Stellen genehmigte, geregelte und verwaltete Handelsplattform für Wertschriften, also eine Plattform mit hoher Regelungsdichte staatlicher Normen, Standardprodukten und strengem Anforderungsprofil für die Marktteilnehmer.[48] Demgegenüber steht der nicht geregelte Markt, der »Open Market« (Freiverkehr/freier Markt).[49]

Der Open Market wird weltweit auch als OTC-Handel (Over The Counter)[50] bezeichnet. Doch auch dieser Begriff ist verfänglich, bedeutet er doch eigentlich, dass die Börse überhaupt keine Rolle bei dieser Handelsplattform spielt, was de facto aber nicht stimmt, da die meisten Börsen Freiverkehrsplattformen ermöglichen. Im Weiteren hat der Begriff in den USA noch eine andere Bedeutung. Seit 1913 gibt es dort die OTC Markets Group – ursprünglich The National Quotation Bureau (NQB), eine private Gesellschaft, die den amerikanischen Märkten Dienstleistungen, z. B. Kurse, Handelsplattformen zur Verfügung stellt. Informell wird sie auch Pink Sheets genannt. Es handelt sich aber nicht um eine Börse, sondern um einen qualifizierten Händler, der Dienstleistungen zur Verfügung stellt. Gemäß der amerikanischen Börsenaufsicht SEC[51] gehören Pink Sheets[52] zu den risikobehafteten Investitionen, da eine Zulassung an keinerlei Bedingungen geknüpft ist. Dem freien Markt verwandt ist der OTCQB-Titel, der dort aufgelistet ist. Dort bestehen gewisse Reportpflichten. Noch strenger ist dagegen der OTCQX-Markt[53], deren Teilnehmer bestimmte Qualifikationen nachweisen müssen und von der Börsenaufsicht kontrolliert werden.

Problematisch ist die Gleichsetzung des »außerbörslichen Handels« mit dem Open Market. Wie bereits betont, geschieht der heutige Freiverkehr in Europa häufig mit einer »Börsenanbindung«. Darüber hinaus wird darunter der Handel mit börsenkotierten Wertpapieren außerhalb der Börse verstanden, weil die Beteiligten die Geschäfte nicht publik machen wollen. Der Begriff umfasst aber auch den Handel mit nicht standardisierten Spezifikationen (z. B. exotische Optionen), solche werden außerbörslich dort gehandelt, da sie im normalen Börsenhandel nicht zugelassen sind. Das ist bei den Titeln des Open Market eben durchaus möglich.

Völlig unklar und falsch ist die Gleichsetzung des freien Markts mit dem »Grauen Kapitalmarkt«. Unter Grauem Kapitalmarkt versteht man allgemein den Teil des Finanzmarkts, der ohne staatliche Aufsicht funktioniert, wobei keine einheitliche Definition besteht. Gewisse Marktteilnehmer verhalten sich dabei wohl rechtswidrig, beispielsweise beim Handel mit Immobilien, Fonds, gebundenen Lebensversicherungen, Genossenschaftsanteilen, stillen Beteiligungen usw. Der wichtigste Unterschied zum freien Markt liegt darin, dass überhaupt keine Handelsplattform bei derartigen Geschäften vorliegt.

Strafrechtliche Aspekte

Da wir diesbezüglich die meisten Erfahrungen im Bezug auf die Börse im weitesten Sinne haben, konzentrieren wir uns in diesem Abschnitt auf die entsprechenden Vorkommnisse.

Börsen gibt es seit dem Mittelalter. Als älteste Börse gilt die Börse von Brügge, die 1405 entstand. Die älteste Börse in Deutschland ist jene von Augsburg, die 1540 entstand. Für die Werthaltigkeit der Börsen ist deren reibungsloses Funktionieren und das Vertrauen der Öffentlichkeit in die Wertpapiere wesentlich.[54]

Doch wohl so alt wie die Börse selbst sind die Versuche, diese zu manipulieren und durch fragliches Verhalten zugunsten des eigenen Geldbeutels (lateinisch: bursa)[55] zu optimieren. Eine der größten überlieferten Börsenbetrüge ist der sogenannte »große Börsenbetrug« von 1814, der die Londoner Börse als Tatort hatte. Am Morgen des 21. Februars 1814 kam eine als Offizier uniformierte Person mit dem angeblichen Namen Collonel Duboit in Dover an, mit der »guten« Nachricht, wonach Napoleon I. von Frankreich getötet wurde und die Bourbonen zurück an die Macht gelangen würden. Der besagte Offizier begab sich dann von Dover nach London, nicht ohne jede Gelegenheit zu benutzen, um die »guten Neuigkeiten« zu verbreiten. Nachdem bereits seit Monaten Gerüchte über den möglichen Sieg von Napoleon an der Börse kursiert waren, schlug diese Mitteilung dort wie eine Bombe ein. Der Wert englischer Staatsanleihen stieg ins Astronomische an, obwohl keinerlei Bestätigung für das Ereignis vorlag. Bald stellte sich heraus, dass es sich bei dieser »Geschichte« um einen Betrug handelte. Untersuchungen ergaben, dass auf dem Höhepunkt des »Hypes« englische Staatsanleihen für 1,1 Mio. Pfund verkauft wurden, nachdem diese in den vorhergehenden Wochen zu einem Tiefstkurs erworben worden waren. Die angeblichen Täter, ein Parlamentsmitglied namens Admiral Lord Cochrane, sein Onkel Andrew Cochrane Johnson und Richard Burd, ein Finanzberater, wurden zu je zwölf Monaten Gefängnis und 1000 Pfund Buße verurteilt. Dem Admiral wurde später sogar unehrenhaft sein Titel aberkannt, allerdings erfolgte im Anschluss dessen Rehabilitation. Es ist bis heute nicht klar, ob er schuldig oder ein Opfer gewisser Machenschaften war.

Was sich 1814 in London abspielte, ist als Marktmissbrauch zu definieren. Darunter verstehen wir Handlungen, die einen Kurs herbeiführen, der nicht demjenigen entspricht, der bei einem unbeeinflussten Ausgleich von Angebot und Nachfrage entstanden wäre.[56] Börsenpreise richten sich bekanntlich nach dem Angebot und der Nachfrage, diese wiederum nach den Erwartungen der Marktteilnehmer über künftige Kursentwicklungen.[57] Es ist wichtig, unlautere Einwirkungen auf den Preis zu verhindern. Solche sind einerseits durch direkte Einflussnahme auf die Angebots- und Nachfragemenge und andererseits durch die Einwirkung auf Verkaufsentscheide anderer Marktteilnehmer möglich.[58]

Wichtig hierbei ist, dass zwischen Insiderhandel und Kursmanipulation unterschieden wird. Beide stellen Erscheinungsformen von Marktmissbrauch dar, die das reibungslose Funktionieren und das Vertrauen der Öffentlichkeit in die Wertpapiermärkte untergraben.[59] Beim Verbot der Kursmanipulation geht es in erster Linie darum, die Zuverlässigkeit und die Wahrheit der Preisbildung zu schützen. Dagegen wirkt der Schutzzweck des Insiderrechts vorrangig gegen den Missbrauch von Wissensvorsprüngen und will damit die Chancengleichheit der Marktteilnehmer wahren.[60] Eine Form des Insiderhandels ist beispielsweise das Front Running oder Forward Trading. Werden vertrauliche Informationen über bevorstehende Kundentransaktionen zum eigenen Vorteil ausgenutzt, wird der Preis auf diese Weise zuungunsten des eigenen Mandanten negativ beeinflusst. Mit anderen Worten, der den »trade« ausführende Vermögensverwalter handelt zum eigenen Vorteil, beispielsweise führt eine große Kauf-Order auf engen Märkten zu einem überproportionalen Kursanstieg des betroffenen Titels. Mit solch einem Wissen kann ein Börsenmakler vor einem solch großen Kaufauftrag zuerst für das Eigenhandelskonto Werte kaufen, um vom Preisanstieg der nachfolgenden Order zu profitieren. Wird der private Auftrag gleichzeitig erteilt, spricht man vom Spezialfall des Parallel Running. Diese Form des Handels ist in den meisten Ländern, so auch in Deutschland, illegal; zurzeit wird sie aber in der Schweiz nicht von der Strafnorm des Insiderhandels[61] erfasst.[62]

Bei den Kursmanipulationen wird zwischen fiktiven Transaktionen und tatsächlichen Handelsaktivitäten unterschieden. Bei den fiktiven Operationen fehlt den Transaktionen der effektive wirtschaftliche Hintergrund[63]; solche Transaktionen sind insbesondere dann erfolgreich, wenn ein enger Markt besteht. Die unregulierten freien Märkte sind eine optimale »Spielfläche«, um derartige Aktionen durchzuführen. In der Folge werden vier dieser Vorgehensweisen kurz beschrieben. Beim »wash sale« werden Geschäfte gemacht, die keinen Eigentümerwechsel zur Folge haben, d. h., faktisch sind Verkäufer und Käufer identisch. Selbstverständlich wird versucht, solche Geschäfte zu verschleiern, indem Strohmänner eingesetzt werden oder Deckadressen und verschiedene Bankkonten benutzt werden.[64] Beim »matched order« oder dem »cross trade« findet die Transaktion dagegen wirtschaftlich statt, allerdings zu Konditionen, die zwischen den Vertragspartnern vorher zwecks Kursbeeinflussung abgesprochen worden sind. Häufig werden die Orders in mehrere Teilorders zerlegt, die in Menge und Preis fast identisch sind, um so einer Entdeckung vorzubeugen. Je nach Vereinbarung wird ein Rückkauf vereinbart und die Papiere verbleiben beim Käufer, u. U. gegen eine entsprechende Gegenleistung.[65] Größer angelegt sind die sogenannten »circular tradings«. Hier haben sich mehrere Marktteilnehmer abgesprochen, vorarrangierte Transaktionen durchzuführen, wobei häufig der erste Käufer auch der letzte Käufer oder Verkäufer ist. Es finden folglich mehrere Geschäfte statt, die, wenn sie auf einer öffentlichen Anzeigetafel erscheinen, den Eindruck lebhafter Kursumsätze erwecken. Erfolgt dies mit dem Ziel, den Kurs künstlich hochzutreiben, um dann die eigenen Wertpapiere zu einem höheren Kurs zu verkaufen, wird das als »pump and dump« bezeichnet.[66]

Diese aufgeführten Operationen sind in einem relativ ungeregelten Markt erheblich stärker möglich.

An dieser Stelle sei auch das »scalping« (to scalp: skalpieren, das Fell über die Ohren ziehen) erwähnt, welches das Vorgehen mancher Fondsmanager, Herausgeber von Börsenbriefen, Wirtschaftsjournalisten und anderer umgangssprachlich bisweilen Börsengurus genannter Personen bezeichnet. Hierbei versuchen diese, zu einem günstigen Kurs »marktenge« Aktien meist kleiner Unternehmen zu kaufen und anschließend durch gezielt positive Meldungen über das Wertpapier den Kurs hochzutreiben und es in der Öffentlichkeit zum Kauf zu empfehlen. Durch die so gestartete große Nachfrage schnellt der Kurs zunächst in die Höhe, bis die Urheber des »scalping« ihre Anteile wieder verkaufen und einen Kursgewinn einstreichen, der aus der künstlichen Nachfrage der zum Kauf verleiteten Anleger resultiert. Da durch die raschen Verkäufe der Täter die Kurse wieder stark sinken, erleiden die Anleger, die auf die positiven Nachrichten vertraut haben, nicht selten hohe Anlageverluste; so wird ihnen im übertragenen Sinn das Fell über die Ohren gezogen.[67]

Nur indirekt mit der Börse verbunden ist das sogenannte »churning« oder die Provisionsschwindlerei. Es stammt von »to churn« (buttern, umrühren). Durch massives Handeln eignet sich ein Broker oder Vermögensverwalter überdimensionierte, unnötige Provisionen zu, welche zulasten des Anlegers gehen. Churning kommt vorwiegend bei Termingeschäften vor, zunehmend aber auch im Wertpapierbereich. Der Begriff entstand in Anlehnung an die Butterherstellung, bei der die Milch gerührt und der Rahm abgeschöpft wird, bis keine Milch mehr vorhanden ist. Genauso schichtet der Vermögensverwalter das Kapital um und schöpft die anfallenden Gebühren ab.[68]

Bei Crowdfunding, Crowdinvesting, SPACs[69] und Mittelstandsanleihen ist festzustellen, dass ein Vertragspartner durchaus bei diesen Operationen kriminelle Intentionen haben kann. Der Klassiker besteht in einem Vorleistungsbetrug, muss doch jene Partei, welche die Investition erhalten soll, als Vorleistung eine nicht im Verhältnis stehende Vorausgebühr bezahlen, z. B. 20 Prozent des Betrags, welcher als Investition überwiesen werden soll.

Daneben sollte beachtet werden, dass die Investorensuche durch Social Media und Internetplattformen die Betrugsmöglichkeiten bei den verschiedenen Finanzierungsalternativen stetig steigen lässt.

So wurde im Jahr 2012 über die Crowdfunding Plattform kickstarter.com ein Betrugsversuch in Höhe von 80 000 US-Dollar registriert.[70] Auf kickstarter.com suchen u. a. namenhafte Spieleentwickler investitionswillige Spieler, um ihre Ideen umzusetzen. Die Betrüger gaben sich als ehemalige Microsoft- oder Blizzardmitarbeiter[71] aus, die ein Action-Strategie-Rollenspiel mit Open-World Setting mit dem Namen »Mythik: The Story of Gods and Men« vorstellten. Allerdings wurden u. a. als Prospekt schon Fotos von Büroräumen genutzt, mit denen die angeblichen Entwickler nicht im Entferntesten etwas zu tun hatten. Auch die Beschreibung des Projekts wurde von einem anderen Projekt auf kickstarter.com zu 100 Prozent übernommen. Die Initiatoren konnten so mit minimalem Aufwand betrügerisch versuchen, eine Finanzierung von 80 000 US-Dollar zu erhalten. Allerdings gelang es auch aufgrund der vielen neuen Möglichkeiten der Internetnutzung über Foren[72] recht schnell, den Betrug aufzuklären, sodass nur knapp 5000 US-Dollar in dieses Projekt investiert wurden.

Crime Due Diligence im Allgemeinen

2003 wurde ein Instrument vorgestellt, das helfen sollte, betrügerische Anlageinstrumente frühzeitig zu erkennen.

Die Voraussetzung des Erkennens bzw. des Aufdeckens eines Verbrechens ist bekanntlich der Verdacht. Der intuitiven Schöpfung des Verdachts stehen wissenschaftliche oder empirische Verdachtsschöpfungsstrategien gegenüber. Infolge der erhöhten Komplexität der Delikte ist die intuitive Schöpfung des Verdachts heute erschwert oder gar völlig ausgeschlossen. Das Opfer bzw. der Compliance Officer erkennt häufig zu lange nicht, dass es bzw. er Ziel eines kriminellen Angriffs ist.

Bei diesem Früherkennungswerkzeug handelt sich um das Crime Due Diligence-System.[73] Bis heute wurde dieses weiterentwickelt und findet erfolgreich – obwohl kein raffiniertes Computersystem – Anwendung. Es besteht aus Personen-, Dokumenten- und Strukturanalyse. In diesen segmentierten Bereichen sollen Risikofelder erkennbar gemacht werden. Im Rahmen der Analysen erfolgt ein

Datenabgleich, der einerseits auf Erkenntnisse der Fahndungsbehörde und andererseits auf der konkret vorgetragenen und/oder dokumentierten »Tatgeschichte« beruht.

Oftmals ist die Fantasie auch bei Betrügern begrenzt, weshalb auch bei diesen immer wieder die gleichen »Teil-Tatverhalten«, sogenannte »Red Flags« oder »Module«, anzutreffen sind. Beim Vorliegen einer Vielzahl solcher Merkmale ist größte Vorsicht geboten.

In der Folge wird dieses Crime Due Diligence-System – ein Werkzeug zur Früherkennung von Verbrechensmerkmalen – vorgestellt. Solch ein Instrument kann aber gerade auch beim Börsengang in jedem Fall eine sinnvolle Anwendung finden.

Anlagebetrügereien sind nämlich gerade dann möglich oder umso erfolgreicher, wenn das verkaufte Produkt für sich in Anspruch nehmen kann, börsennotiert zu sein, denn Börsennotierung schafft Vertrauen. Für das Börsenpapier ist damit Reputation[74] verbunden, die Börsenzulassung so eine Schnellstraße, ein Katalysator, um ein kriminelles Wertpapier marktgängiger zu machen. Gelingt es dagegen schon im Anfangsstadium, nämlich bei der Börsenzulassung, kriminelle Machenschaften, d. h. diese Börsenreife, zu verhindern, kann eine kriminelle Anlageoperation bereits im frühsten Stadium gestoppt werden.

Selbstverständlich können Börsentitel ohne kriminelle Machenschaften an die Börse gebracht und dann später von Betrügern missbraucht werden. Keinesfalls soll hiermit gesagt werden, dass jeder Börsengang, der später kriminelle Blüten treibt, von allem Anfang an kriminelle Samen trägt.

In Kreisen des freien Marktes Frankfurts hört man immer wieder den entschuldigenden Satz, dass der TÜV sich nicht wundern müsse, dass viele Autofahrer mit abgefahrenen Reifen unterwegs seien, wenn man Kraftfahrzeuge mit einem Reifenprofil von 5 mm im Straßenverkehr zulasse. Diese Aussage ist ja indirekt auch gegen die Börse selbst gerichtet. Die darauf von der Börse gezogenen Konsequenzen machen die nachstehend vorgestellten Module nicht obsolet. Die betrügerischen Börsengänge werden sich zunehmend auf das seriösere Segment verlagern. Deshalb ist es notwendig, dort genauer hinzuschauen.

Die Crime Due Diligence ist nicht eine vollständige Due Diligence. Es sind einzelne Merkmale, die dringend gebieten, entweder eine detaillierte Due Diligence oder detailliertere Abklärungen vorzunehmen.

Nachfolgend werden die Analysen unter spezieller Betonung jener Elemente aufgezeigt, die bei der Börsenzulassung heute wichtig sind.

Crime Due Diligence im Speziellen

Personenanalyse

Die Personenanalyse zielt in ihrem Anwendungsbereich auf die handelnden Täterpersönlichkeiten bzw. die darin involvierten Handlungsfiguren.[75] Sie beschreibt Eigenheiten, bei deren Vorliegen eine erhöhte Aufmerksamkeit geboten ist, und ist dann eine Warnung, wenn mehrere der hier folgenden Elemente zutreffen.

Verstrickungsmodul

Die heutigen Datenbanken, das Internet, die bekannten Formen des »Googelns« bzw. die diversen Websites, welche auf das Identifizieren von Personen ausgerichtet sind, leisten eine gute Arbeit zur Täteridentifikation. Es gibt Websites, die Telefonnummern erkennen, und die Website »www.amazon.com«, auf der über Büchervorlieben der Zielperson Auskunft gegeben wird. Man findet sogar Softwares, die verraten, wem welches Auto gehört. Mittels Zeitungsarchiven im Internet ist es darüber hinaus einfach, eine Person näher zu untersuchen. Es gibt Suchdienste, die unter anderem später gelöschte Internet-Suchinhalte sichtbar machen. Das damit angesprochene Merkmal ist das sogenannte Verstrickungsmodul.[76] Mithilfe von Ermittlung des Täternamens, sei es einer natürlichen oder juristischen Person, wird klar, worin diese Persönlichkeit bis dahin verstrickt war. Früher war es gang und gäbe, durch leichte Buchstabenveränderungen die Herkunft des Namens zu verschleiern, heutige Suchmaschinen lassen dies aber nicht mehr zu.

Bei einer Kotierung an der Berner Börse wäre somit aufgeführt gewesen, dass eine Person, die bereits einen anderen schwerbetrügerischen Börsengang (Swiss Fe)[77] getätigt hatte, erneut federführend involviert war. Der Handel mit dem Swiss Fe-Titel wurde kurzfristig unterbrochen, der Titel wurde jedoch bedauerlicherweise am Open Market in Frankfurt weiter gehandelt.

Auffällig ist auch, wenn eine Person mit angeblichem Ansehen im Internet überhaupt nicht auffindbar ist – weder positiv noch negativ.

Offshore-Modul

Offshore-Sitze[78] können auch ein Signal sein, dass etwas nicht ganz »koscher« ist.[79] Wieso sollen ausgerechnet Millionen-Operationen über kleine, spezifisch kreierte juristische Einheiten durchgeführt werden? Dies insbesondere in einer Zeit, in der das Steuerhinterziehen über Offshore-Staaten weitgehend vorbei ist. [80]

Die Kernessenz einer Börsenmanipulation ist häufig eine solche, dass ein wertloser Titel künstlich aufgeblasen wird, indem ihm ein anderes Marketingimage verschafft wird (»pump-and-dump«).[81] Deshalb ist es notwendig, die Werthaltigkeit der Firma auf »Mark und Bein« zu prüfen. Ob ein Unternehmen zwei, drei Angestellte oder 50 hat, kann durchaus wichtig sein. Die Höhe der Löhne ist auch ein Indiz. Die Vorstrafen der Beteiligten geben ebenfalls Aufschluss. Vorsicht ist geboten, wie nachgehend gezeigt wird, bei weit geografisch abgelegenen Unternehmen. Das Betriebsjahr spielt ebenfalls eine Rolle. Start-ups sollten solchen Minimalvorschriften entsprechen können.

Es wird ersichtlich, dass der Lageort der Offshore-Gesellschaft von Bedeutung sein kann. Dabei ist eine persönliche Vorstellung eine Conditio sine qua non.

Nationalitätenvermutungsmodul

Es bleibt eine Tatsache, dass gewisse Staatsangehörige in solchen kriminellen Machenschaften häufiger repräsentiert sind als andere. Das hat nichts damit zu tun, dass irgendeine Nation zu mehr Kriminalität neigt, sondern eher damit, dass die Bevölkerung in diesen Ländern weniger erfahren ist und eher auf »mittelalterliche« Betrügereien hereinfällt. Insbesondere lassen sich häufig Staatsangehörige der ehemaligen Sowjetunion als Strohmänner für kriminelle Aktivitäten missbrauchen.

Den Börsengang betreffend ist in diesem Bereich zusätzlich festzuhalten, dass je weiter ein Börsengang seinen geografischen Ursprung vom Börsenplatz hat, umso schwieriger die verlässliche Prüfung ist. In einem fernen, unbekannten Land, dessen Namen man kaum kennt, ist es wohl schwieriger, einen verlässlichen Prüfer zu finden. Wie Lenin schon sagte: »Wer kontrolliert die Kontrolleure?«[82] Es ist davon auszugehen, dass Wirtschaftsplätze weit weg von europäischen Börsenzentren durchaus Nutzen davon ziehen, wenn sie irgendwie an solch eine Börse angebunden sind. Als Grundsatz muss gelten: Je weiter eine Firma vom geografischen Börsenplatz entfernt ist und je weniger Bezug sie somit zu diesem Börsenplatz hat, desto größere Vorsicht ist geboten. Warum in aller Welt soll die Aktie eines Unternehmens einer Kleinstadt im hintersten China ausgerechnet in Frankfurt vertrieben werden? Hier sollte es Transparenz und nicht intransparente Kommunikation geben.[83]

Brand-Modul[84]

Vertrauen wird auch erschlichen, indem der »Brand« eines weltbekannten Unternehmens, das Respekt und Vertrauen einflößt, im Briefkopf verwendet wird. Sehr häufig verstecken sich Kriminelle hinter Namen wie HSBC, UBS AG, Credit Suisse, Lloyds usw. Es werden entsprechende Firmen gebildet und diese auf einem Offshore-Platz errichtet, auf dem der Firmenschutz nicht gerade großgeschrieben wird.

Die Tatsache, dass auch bekannte Brands, wie z. B. Coca-Cola im FQB in Frankfurt, in einem absolut anspruchslosen Börsensegment notiert waren, erlaubt es, dass sich unseriöse Börsenanbieter in deren Schein sonnen. Auch das ist zu vermeiden.

Hochstaplermodul[85]

Die handelnden Figuren sind häufig Hochstapler, die sich mit den Insignien des Reichtums umgeben, beginnend mit der Rolex-Armbanduhr bis zum Anzug von Brioni. Sie logieren in luxuriösen Bürogebäuden und sponsern hohe Summen für wohltätige Anlässe. Hier gilt: Der Schein ist mehr als das Sein. Fraglos gibt es sehr viele altruistische Menschen, die wirklich wohltätig sind. Aber grundsätzlich ist Vorsicht geboten.

Dokumentenanalyse

Die Dokumentenanalyse befasst sich mit der Wahrhaftigkeit bzw. der Echtheit der benutzten Dokumente bei betrügerischen Machenschaften. Dieser Bereich ist bei den heutigen Schneeballsystemen (Ponzi schemes) nahezu verbrechensbegründend. Es geht schlicht und ergreifend um Fälschungen.

Fälschungsmodul[86]

Bernhard L. Madoff hatte beispielsweise ein ganzes Team, das pausenlos falsche Belege erstellte. Eine bekannte Masche bei Betrügern, die in Banken arbeiten und den Anlegern das Geld wegnehmen, ist das Vorlegen gefälschter Bankstatements. Das Ganze ist genauso einfach wie genial. Wenn der Kunde sich ankündigt, wird ein falscher Bankauszug erstellt, allenfalls das gestohlene Geld von anderen Konten auf dasjenige des Betrogenen gebucht. Kaum ist er weg, wird der reelle Zustand wiederhergestellt. Es ist schlichtweg unverständlich, weshalb es in großen Bankhäusern häufig sehr lange dauert, bis die entsprechenden Dokumentmanipulationen aufgedeckt werden. Dieser Teilbereich der Dokumentenanalyse wird Fälschungsmodul genannt.

Logomodul[87]

Nach dem Logo-Modul ahmen die Betrüger in den verwendeten Unterlagen Logos von bekannten und renommierten Unternehmungen nach. Der Angesprochene verbindet das Logo mit einer vertrauenswürdigen Institution und wird selten überprüfen, mit wem er es tatsächlich zu tun hat.

Keyword-Modul[88]

Beim Gebrauch von »Quasi-Banktermini« handelt es sich um in einer Urkunde vorkommende Begriffe (Keywords), die es in der Realität nicht gibt und welche Indiz für einen Betrug sein können. Beispiele dafür sind: Federal Notes, Collateral Purchase Orders, OKD (Old Kuwait Dinar), BPO (Bank Purchase Order) usw. Problematisch in diesem Bereich ist die Tatsache, dass zwischenzeitlich solche falschen Termini teilweise auch bei seriösen Firmen in den Geschäftswortschatz aufgenommen wurden.

Rating-Modul[89]

»Rating« ist ein oft gebrauchtes Instrument, um in der Finanzwelt die Kreditwürdigkeit einer Unternehmung zu beurteilen und diese in Relation zur Konkurrenz zu setzen.[90] Aktuell in Zeiten der Finanzkrise, als Ratingagenturen in höchstem Maße versagt haben und mittlerweile Prozesse gegen sie angestrengt werden, verlieren diese teilweise ihre Bedeutung. Ein gutes Standard- und Poor- bzw. Moody-Rating hat aber leider immer noch Glanz und kann dazu führen, in eine Transaktion falsches Vertrauen zu generieren. Das Rating ist insofern bedeutend, als es häufig der Börse angeboten wird, obwohl es gar nicht notwendige Voraussetzung wäre.

Spam-Modul[91]

Vorsicht ist insbesondere dann geboten, wenn sehr seltsame und auf außerordentlichen Wegen finanzielle Transaktionen angeboten werden. Seriöse Finanzgeschäfte finden ihren Weg in der Regel nicht über Massenwerbemails (Spam). Bei unseriösen Anbietern muss – obwohl schon länger bekannt – das Kontaktieren des Opfers (»cold-calling«[92]) mittels Telefon genannt werden. Mutter des Verkaufs betrügerischer Titel an freien Märkten ist insbesondere das Telefon. Es gibt nichts Falscheres, als über jene zu lachen, die sich über das Telefon größere Wertpapierposten verkaufen lassen. Diese aus Amerika stammende, »boiler room«[93] (»Heizungskessel«) genannte Technik ist hoch erforscht und extrem professionell. Unmengen von Telefonisten werden trainiert und angelernt, wie sie jede Antwort parieren sollen. Der eigentliche »market maker«, in den wenig regulierten Freimarktelementen, ist der kriminelle »Antelefonierer«.

Beglaubigungsmodul[94]

Zu relativieren ist im Weiteren der Aberglaube, der insbesondere in osteuropäischen und angelsächsischen Ländern verbreitet ist, dass eine Akte umso glaubwürdiger ist, je mehr Stempel sie hat. Das Gegenteil ist eher zutreffend. Eine echte Urkunde bedarf nicht auf jedem Quadratmillimeter eines Stempels. Viele davon sind auch in den erwähnten Regionen nicht üblich.

Strukturanalyse

Das eigentliche Herzstück einer kriminellen Tat bzw. eines Wirtschaftsvergehens ist aber dessen Struktur. Hierzu wenden wir uns der Strukturanalyse zu, die sich vor allem mit dem Modus Operandi einer Tat auseinandersetzt. Sie befasst sich mit dem Operationsspektrum einer Tat, analysiert den kriminellen Kernprozess, das Ablaufschema der kriminellen Offensive und zeigt auf, welche Elemente für den Verdacht des kriminellen Vorgehens sprechen.[95]

Highflyer-Modul[96]

Die Mutter aller Kriminalität ist die Gier. Charles Ponzi, der 50 Prozent Renditen in 45 Tagen oder die Verdoppelung des angelegten Geldes in 90 Tagen versprach, stellte seinen Opfern damit außerordentlich hohe Gewinne in Aussicht. Unrealistische Gewinnerwartungen führen dazu, dass der normale Menschenverstand sich täuschen lässt und eher auf kriminelle Transaktionen eingegangen wird.

Das Highflyer-Modul kann bereits dann Anwendung finden, wenn im normalen Kapitalmarkt Gewinne von mehr als 15 Prozent p. a. versprochen werden. Dies bedeutet aber auch, dass, wenn ein Investment schlichtweg zu gut scheint, um wahr zu sein, es wahrscheinlich eben unwahr ist. Würde der biedere Kerngehalt der Volksweisheit »Es ist zu gut, um wahr zu sein« wirklich mehr angewendet werden, dann hätten viele Ponzi- und Madoff-Schemes frühzeitig erkannt werden können. Das Highflyer-Modul bedeutet z. B. auch permanent gleichmäßig gute Profite, obwohl der Finanzmarkt volatil ist. Konsequent mehr oder weniger gleiche Profite in wilden Finanzmärkten müssen die Alarmglocken läuten lassen. Den vorsichtigen Anlegern fällt dieser Aspekt schon sehr früh auf. Die konsequente Anwendung des Highflyer-Moduls in der Form einer rationalen Betrachtung statt emotionalem Wunschdenken kann viel verhindern. Wird ein Titel an die Börse gebracht, ist ein persönlicher Auftritt der Firmeninhaber unerlässlich.

Illegalitätsmodul[97]

Immer wieder lassen sich Anleger auf Transaktionen über ungewöhnliche Absatzkanäle ein, d. h. außerhalb von Banken und Brokerhäusern. Das Illegalitätsmodul zeigt auf, dass bei solchen Transaktionen der Anleger stets in Kauf nimmt, dass er durch die Transaktion rechtliche Vorschriften verletzt und sich so unrechtmäßig Vorteile verschafft. Steuerdelikte sind hier ein wesentliches Thema und führen dazu, dass der Geprellte das Verlorene nicht auf legalem Weg zurückfordern kann. Dieses Modul tritt insbesondere bei Telefonverkauf von Titeln des Open Market auf.

Zeitdruckmodul[98]

Seriöse Anlagenanbieter unterlassen sowohl überzogenen Zeitdruck als auch die dringende Empfehlung, die Profite in das gleiche Produkt zu reinvestieren. Letzteres ist extrem typisch für den »to buy time«-Prozess bei betrügerischen »Ponzi«-Handlungen. Anlagen sind selten so dringend. Die Geschwindigkeit geht einzig auf Kosten der Evaluierungszeit. In das gleiche Kapitel fallen Behauptungen, es seien nur noch wenige Einheiten übrig.

Dealstory-Modul[99]

Unter »Dealstory« versteht man die Gesamtheit der Umstände, welche die außergewöhnlich gewinnbringende Anlage plausibel erscheinen lassen. Hierfür wird eine besondere Situation kreiert, die nur schwer überblickbar ist. Bei Madoff war es die Aura eines extrem erfolgreichen und zuoberst in der Gesellschaft und Wirtschaft stehenden, hoch angesehenen Geschäftsmannes. Wollen aber exotische Titel an die Börse, ist für die Zulassungsbehörden höchste Alarmstufe geboten.

Plausibilitätsmodul[100]

Im Rahmen des Plausibilitätsmoduls nützt der Betrüger die Unsicherheit und Scham, die Unerfahrenheit und die Unfähigkeit, das Finanzkonstrukt zu durchschauen, aus. Der Betrüger tischt dem Kunden eine komplizierte, aber professionelle Dealstory auf, die so logisch klingen soll, dass der Anleger keine Fragen stellt und keine Nachforschungen anstellt.[101]

Konspirationsmodul[102]

Hierbei wird der Kunde davon überzeugt, er sei durch das besondere Anlagegeschäft privilegiert. Wer bei bestimmten Titeln investieren darf, gehöre zu einem erlauchten und beinahe geheimnisvollen Kreis. Man solle sich glücklich schätzen, erwählt worden zu sein. Zu viele Fragen seien ein »Ausschlussgrund«. So dient die Auserwähltheit des Anlegers als cleveres Marketinginstrument, kritische Fragen zu unterbinden. Der Open Market verstärkt das Geheimnispotenzial, nicht jeder kennt dieses »erhabene Marktsegment«.

Intransparenzmodul[103]

Dieses Modul steht im engen Zusammenhang mit dem Plausibilitätsmodul. Ist eine Operation intransparent, z. B. durch eine undurchsichtige Anlage abgedeckt, oder ist die Online-Verfolgung eines Accounts bei dieser Anlage nicht möglich, dann gilt: »Aufgepasst!«

Monismusstruktur-Modul

Sind die Funktionen z. B. bei einem Titel nicht sauber getrennt – z. B. Depotbank, Fondsverwaltung, Investmentadviser, Vermögensverwalter usw. –, so ist der Verdacht berechtigt, dass dieser Mangel an gegenseitiger Kontrolle durchaus gewollt ist.

Vorleistungsmodul

Muss das Unternehmen, bevor das Investment fließt, eine unverhältnismäßig hohe finanzielle Vorleistung erbringen, besteht eine erhöhte Möglichkeit, dass es sich beim Geldgeber um einen Betrüger handelt. Er will nicht Geld geben, sondern solches vom Unternehmer einkassieren – er wird sich als dann unerreichbar absetzen.

Neben diesen Modulen sind pro memoria das Wohltätigkeits-, Internet-Chart-, Absatzkanal- sowie das Globalisierungsmodul von Bedeutung.[104]

Schlusspunkt

Die Tatsache, dass in Frankfurt das FQB geschlossen wurde, ist ein Anzeichen dafür, dass Kriminalität am Open Market und bei alternativen Finanzierungsmöglichkeiten gang und gäbe ist. Die Schließung ist aber kein Indiz dafür, dass diese Art von Kriminalität zurückgehen wird. Ganz im Gegenteil: Kriminelle werden versucht sein, auf alternative Finanzierungsmöglichkeiten auszuweichen. Crime Due Diligence kann in all diesen Bereichen hilfreich sein.

Quellen

Behrens, Gary Alexander; *Risikokapitalbeschaffung und Anlegerschutz im Aktienrecht und Kapitalmarktrecht*, Band 38, Münster 2003.

Berens, Wolfgang, Brauner, Hans U., & Strauch, Joachim (Hrsg.): *Due Diligence bei Unternehmensakquisitionen*, 4. Aufl., Stuttgart 2005.

Börsi, Konrad: *Praxis des Börsengangs. Ein Leitfaden für mittelständische Unternehmen*, Wiesbaden 2004.

Blaschek, Beate: *Crash statt Cash*, Wien 2008.

Fischer, Daniel: *Crime Due Diligence – Eine Verdachtsschöpfungsstrategie*, in: ZStrR 121 (2003), S. 216 ff.

Fischer, Daniel: *Die Gefährdung der Unternehmensfinanzen durch New Econ-Crime*, in: Siegwart, Hans: *Finanz- und Rechnungswesen*, Jahrbuch 2003, S. 205 ff.

Lenzen, Ursula: *Unerlaubte Eingriffe in die Börsenkursbildung*, Diss., Frankfurt am Main, Berlin, Bonn 2000.

Möller, Andreas: Die Neuregelung des Verbots der Kurs- und Marktpreismanipulation im Vierten Finanzmarktförderungsgesetz, *WM* 2002.

Weber, *NZG* 2000.

Müller, Rudolf, Wabnitz, Heinz-Bernd, & Janovsky, Thomas: *Wirtschaftskriminalität. Eine Darstellung der typischen Erscheinungsformen mit praktischen Hinweisen zur Bekämpfung*, 4. Aufl., München 1997.

Schoder, C., & Pirklbauer, S.: Die politischen, wirtschaftlichen und sozialen Schieflagen aus dreißig Jahren neoliberaler Finanzmärkte. In: Blaschek, Beate: *Crash statt Cash*, Wien 2008.

Siegwart, Hans, & Mahari, Julian: *Management & Law*, Basel, u.a. 2003.

Weber, Martin: Kursmanipulationen am Wertpapiermarkt, *NZG* 2000.

Weber, Martin: Scalping – Erfindung und Folgen eines Insiderdelikts, *NJW* 2000.

simplified

6 Crowdfunding als Finanzierungsalternative für Unternehmen

Von B. A. Alexandra Kasten und Prof. Dr. Matin Užík

Begriffsklärung – Definition, Merkmale, Akteure

Die tragende Rolle des deutschen Mittelstandes für die deutsche Wirtschaft wurde in der jüngsten Finanzkrise erneut – zum Teil eindrucksvoll – bewiesen. Zugleich wurden jedoch auch die Grenzen aufgezeigt. Insbesondere die Finanzierungsseite und deren Einfluss auf die operativen Aktivitäten der mittelständischen Unternehmen geriet in eine schwierige Position. Hinsichtlich dieser Erkenntnisse stellt sich immer wieder die Frage nach den alternativen Finanzierungsmöglichkeiten der mittelständischen Unternehmen. Mit dem Crowdfunding entsteht ein neuer Finanzierungsweg, der jedoch zunächst verstanden werden muss. Die Charakteristika des Crowdfundings, die stark an die Abläufe und Strukturen von Kapitalmärkten erinnern, lassen hoffen, dass sich dieses Instrumentarium zu einer echten Finanzierungsalternative für Unternehmen entwickeln kann.

Unter Crowdfunding wird ein alternatives Erlösmodell verstanden (Kaltenbeck, 2011, S. 2), bei dem durch zahlreiche kleine Beiträge einer »Masse« an Unterstützern (Crowd) die Finanzierung (*Funding*) eines Projekts erreicht wird (Gass, 2011, S. 4).

Bei dieser Finanzierungsform werden die formellen Intermediäre, wie Banken und Venture Capitals, ausgeschaltet bzw. in ihrer Bedeutung begrenzt, sodass ein Modell der Finanzierung entsteht, das gänzlich aus der Zivilgesellschaft heraus organisiert wird (Gerecht, Haselbach & Theil, 2011).

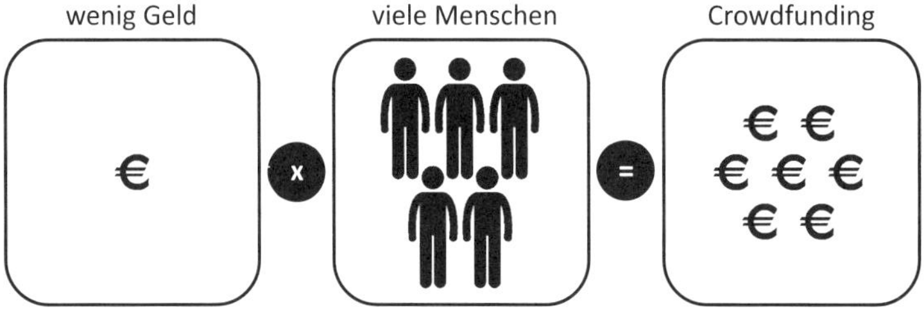

Abbildung 4: Das Crowdfunding-Prinzip (Kaltenbeck, 2011)

Bei Crowdfunding handelt es sich um eine ideelle Form der Unterstützung, die insbesondere im Bereich der Kunst und Kultur angesiedelt ist (Frank, 2012, S. 23) und bei der die Unterstützungen durch die Crowd freiwillig erfolgen, ohne dass daran eine Beteiligung an den Erfolg des Projektes in der Zukunft geknüpft ist. Allerdings hat sich die Leistung von nicht monetären »Dankeschöns« durchsetzt, z. B. in Form des fertigen Endprodukts, namentlicher Erwähnung, Eintrittskarten oder Gewinnbeteiligungen, die der Projektinitiator im Falle eines erfolgreich finanzierten Projekts den Unterstützern zukommen lässt. Die Projektideen werden auf Online-Plattformen gestellt und können so durch die große Verbreitung des Internets direkt an die Nutzer herangetragen werden (Steinberg, S., 2012, S. 2). Der Vorteil, den das Medium Internet dabei bietet: Es bringt eine sehr große Reichweite bei vergleichsweise geringem Kostenaufwand mit sich (Warner, 2012, S. 8). Eine besondere Rolle spielen dabei die sozialen Netzwerke, die bezüglich der Kommunikation und des Marketings eine große Energie entfalten können.

Crowdfunding-Prozess – Ablauf und Erfolgsfaktoren

Im Folgenden soll der Prozess des Crowdfundings dargestellt werden, der sämtliche Tätigkeiten umfasst, die für eine Kampagne notwendig sind. Dabei kann der Gesamtprozess in drei Phasen aufteilen werden:

> Veröffentlichung

> Finanzierung

> Umsetzung/Rückzahlung (ter Kuile, 2012, S. 9)

Veröffentlichung

Ehe ein Projekt der Öffentlichkeit präsentiert wird, ist ein hohes Maß an Vorbereitung vonnöten. Die Grundlage einer Kampagne bilden eine ausgereifte Projektidee sowie eine konkrete Vorstellung der Finanzierungssumme, die benötigt wird, um das Projekt umzusetzen. In der Kalkulation der Zielsumme ist es besonders wichtig, darauf zu achten, dass einerseits natürlich die Kosten berücksichtigt werden, die direkt mit der Projektrealisierung verbunden sind, andererseits aber auch Kosten die für die Produktion und den Versand der Gegenleistungen entstehen – und natürlich die Provision, die an die Online-Plattform im Falle einer erfolgreichen Finanzierung zu zahlen ist (Hogarth, 2012, S. 12). Des Weiteren muss der Projektinitiator festlegen, wie lange die Kampagne auf der Plattform öffentlich präsentiert werden soll, d. h. wie lang der Zeitraum ist, in dem die Unterstützer Beiträge leisten können. Auf den meisten Plattformen kann dies zwischen 30 und 90 Tagen liegen. Untersuchungen zeigen, dass sehr lange Laufzeiten sich tendenziell negativ auf den Projekterfolg auswirken. So liegt die durchschnittliche Erfolgsquote bei Kampagnen, die eine Laufzeit von 30 Tagen haben, bei 44 Prozent – bei Kampagnen mit einer Laufzeit von 90 Tagen jedoch nur bei 24 Prozent. Der Grund hierfür kann sein, dass langfristige Kampagnen weniger dringlich wirken und die Unterstützer ihre Zahlungen auf einen späteren Zeitpunkt verschieben wollen, dies dann jedoch einfach vergessen (Steinberg D., 2012, S. 88). Neben der Zielsumme und der Laufzeit muss der Initiator außerdem die Gegenleistungen, die sogenannten Rewards, festlegen, die die Unterstützer erhalten, wenn das Projekt erfolgreich finanziert wurde. Dabei sollten für die unterschiedlichen Unterstützungsbeiträge auch unterschiedliche Reward-Level festgelegt werden. So erhält ein Investor mit einem Beitrag von 100 Euro eine höherwertige Gegenleistung als jemand, der lediglich

10 Euro beiträgt (Steinberg S. 2012, S. 15). Bis die Kampagne öffentlich gemacht wird, sollte außerdem die Zeit genutzt werden, um die Präsentation zu perfektionieren. Dazu gehört zum einen eine knappe, ausdrucksstarke und in einfacher Sprache verfasste Beschreibung des Projekts sowie im besten Fall ein Video, das der Crowd präsentiert werden kann (Steinberg S., 2012, S. 39). Mithilfe eines Videos kann das Produkt anschaulicher präsentiert werden und die Unterstützer sind eher dazu geneigt, eine emotionale Verbindung zum Projektinitiator aufzubauen, wenn dieser sich persönlich in dem Video präsentiert. Das lässt sich auch daran erkennen, dass Kampagnen mit Videos eine Erfolgschance von 54 Prozent haben, während diese bei Präsentationen ohne Videobeitrag lediglich 39 Prozent beträgt (Lawton & Marom, 2012, S. 91). Sind die grundlegenden Elemente wie Projektidee, Zielsumme, Laufzeit, Gegenleistungen und Präsentation geklärt, kann das Projekt auf einer Crowdfunding-Plattform online gestellt und somit der Öffentlichkeit präsentiert werden.

Finanzierung

Sobald das Projekt veröffentlicht ist, kann sich die Crowd auf der Plattform darüber informieren. Besonders wichtig in dieser Phase sind eine offene Kommunikation mit den Unterstützern sowie ein hohes Maß an Marketingmaßnahmen, die die Aufmerksamkeit auf das Projekt lenken (Kaltenbeck, 2011, S. 44). Da die Anzahl der Unterstützer sehr entscheidend für den Erfolg einer Kampagne sein kann, ist es dringend notwendig, so viele wie möglich zu mobilisieren und die Aufmerksamkeit und den Bekanntheitsgrad des Projekts zu steigern.

Dies kann über soziale Medien wie beispielsweise Facebook, Twitter oder LinkedIn geschehen, über Mund-Propaganda durch die bereits bestehenden Unterstützer, über Artikel auf themenverwandten Blogs (Gass, 2011, S. 25) sowie über regelmäßige Updates, die das Projekt lebendig erscheinen lassen (Hogarth, 2012, S. 38).

Die wichtigste Rolle in der Finanzierungsphase spielt die Crowd, die sich in dieser Zeit das Projekt ansieht und entscheidet, ob die

Projektidee oder die Gegenleistungen überzeugend genug sind, um einen Unterstützungsbeitrag zu erhalten. Fällt die Entscheidung positiv aus, so wird die Geldsumme beispielsweise durch Kreditkartenzahlung, Banküberweisung, PayPal oder sofortueberweisung.de auf ein Konto überwiesen (Hemer et al., 2011, S. 66), das von der Plattform zur Verfügung gestellt wird, und dort für die Dauer der Laufzeit geparkt (Hemer et al., 2011, S. 68). Dabei wird die Anzahl der Unterstützer und die bereits erreichte Unterstützungssumme auf der Webseite der Kampagne veröffentlicht, sodass der Finanzierungsfortschritt über die gesamte Phase verfolgt werden kann.

Umsetzung und Rückzahlung

Ist die Kampagne abgeschlossen, ist der Fortlauf des Prozesses davon abhängig, ob die Finanzierungssumme erreicht werden konnte oder ob das Projekt fehlgeschlagen ist.

War die Kampagne nicht erfolgreich, so fließt der gesamte bis dahin aufgelaufene Unterstützungsbeitrag zurück an die Crowd; der Projektinitiator erhält davon nichts, muss jedoch auch keine Provision an die Plattformbetreiber zahlen (Kaltenbeck, 2011, S. 13). Konnte die Zielsumme erreicht werden, so wird das Geld nach Abzug der Plattformprovision (ca. 7 Prozent der Gesamtsumme) an den Projektinitiator ausgezahlt. Dieser muss nun die versprochenen Gegenleistungen realisieren und an seine Unterstützer übermitteln. Damit ist der Crowdfunding-Prozess abgeschlossen und der Initiator kann mit der Realisierung seiner Projektidee beginnen (Gass, 2011, S. 8).

Motivation der Crowd

Das grundlegende Element des Crowdfundings ist die Unterstützungsgemeinschaft, auch als »Crowd« bezeichnet. Die Crowd ermöglicht erst das Prinzip Crowdfunding, da dies auf der Finanzierung durch die Masse beruht. Das bedeutet, dass der Beitrag eines jeden einzelnen Mitglieds der Unterstützungs-Community den Ausgang des Projekts wesentlich beeinflusst (Kaltenbeck, 2011, S. 1).

Durch ihre frühe Beteiligung an dem Projekt stellen die Mitglieder auch einen Teil des Kreativprozesses dar, da sie einerseits die Umsetzung des Projekts erst ermöglichen und andererseits auch nicht monetäre Unterstützungen wie Ratschläge, Kontakte oder Mund-Propaganda beitragen können (Lawton & Marom, 2012). Dabei werden die Unterstützer zum machtvollen Mäzen und können diese Macht durch die Möglichkeit der Mikroinvestition auch frühzeitig ausüben – und nicht erst, wenn ein Produkt realisiert wird und die Crowd in der Rolle als Konsument nur noch die Kaufentscheidung zu treffen hat. Durch Crowdfunding werden ehemalige Konsumenten zu sogenannten Prosumenten, die sich bereits vor Realisierung aktiv einsetzen und monetäre und nicht monetäre Unterstützungen leisten, um ein Projekt zu ermöglichen (Warner, 2012, S. 7). Die Motivation der Crowd kann dabei verschiedene Formen annehmen. Bei Freunden und Familie liegt dem vor allem die emotionale Bindung an den Projektinitiator zugrunde. Für künftige Nutzer kann die direkte Einbeziehung in das Projekt ausschlaggebend sein; durch die frühzeitige Unterstützung des Projekts besteht die Möglichkeit, die Projektabläufe hautnah mitzuerleben und eventuell sogar inhaltlich zu beeinflussen (vgl. Wenzlaff & Eisfeld-Reschke, 2011). Auch die Gegenleistungen motivieren viele Unterstützer, in das Projekt zu investieren.

Grundlegend können zehn direkte Einflussgrößen benannt werden, warum eine Person bereit ist, eine Kampagne zu unterstützen. Zu diesen Einflussgrößen führte Harms eine Online-Befragung mithilfe von sozialen Netzwerken und Mailing-Listen mit einer willkürlichen Stichprobe an Teilnehmern durch, denen er ein fiktives Projekt als Beispiel präsentierte. Er untersuchte, welche Größe wie viel Einfluss auf die Investitionsentscheidung hat. Laut seinen Ergebnissen bezeichnet der wirtschaftliche Wert für einen Investor den finanziellen und materiellen Nutzen, den er aus einem Projekt ziehen kann. Er ist das Ergebnis einer rationalen Nutzen-Kosten-Abwägung zwischen dem geleisteten Beitrag und der entsprechenden Gegenleistung. Dieser Faktor hat nach Harms den größten Einfluss und stellt somit die wichtigste Wirkungsvariable dar (Harms, 2007).

Die Hoffnung, von einem kleinen finanziellen Beitrag in überproportionaler Weise zu profitieren, wird als Lotterie-Effekt bezeichnet. Das heißt die Unterstützer ziehen die Möglichkeit in Betracht, dass sie mit einem unerwartet erfolgreichem Projekt oder Start-up eine sehr hohe Rendite für einen geringen Beitrag erhalten könnten (Hemer et al., 2011, S. 47). Diese Einflussgröße jedoch hat kaum Bedeutung (Harms, 2007). Als signifikante Einflussgröße erwies sich der Sicherheitseffekt, der besagt, dass Unterstützer eher bereit sind, in ein Projekt zu investieren, das erfolgsversprechend ist und bei dem sie mit einer sicheren Gegenleistung rechnen können. Dies verdeutlicht, dass den Investoren viel daran gelegen ist, dass ihr Unterstützungsbeitrag auch zu einem konkreten Ergebnis führt.

Wichtig ist auch der persönliche Nutzen, d. h. der »Grad, zu dem das Projektergebnis funktional die Bedürfnisse der Unterstützer deckt« (Hemer et al., 2011, S. 47). Dieser ist im Allgemeinen fast so stark ausgeprägt wie der wirtschaftliche Nutzen, wobei hier jedoch eine hohe Standardabweichung vorliegt.

Crowdfunding wird auch oft genutzt, um die eigene Identität zu profilieren und so eine Form der Selbstdarstellung auszuleben. Diesem Faktor kommt zumindest ein positiver Effekt zu, auch wenn er nicht ausschlaggebend für eine Investitionsentscheidung ist (Harms, 2007).

Mit der Selbstdarstellung verbunden ist auch das Gefühl, Teil einer Gemeinschaft von Investoren zu sein und sich mit anderen Unterstützern zu identifizieren. Crowdfunding kann als Form des Social Networkings genutzt werden, um sein eigenes Netzwerk auszubauen. Nach Harms hat dieser Faktor jedoch keine Auswirkung auf die Bereitwilligkeit, ein Projekt zu unterstützen. Eine weitere Motivation kann die erkenntnistheoretische Nützlichkeit sein, dass nämlich für die Unterstützer die Möglichkeit besteht, durch ein Projekt etwas Neues zu entdecken und möglicherweise einer der ersten Nutzer zu sein (Hemer et al., S. 47). Jedoch hat die Online-Befragung auch hier keinen nennenswerten Einfluss feststellen können, so Hemer. Ein Unterstützer kann zudem auch einfach Freude am Vorgang des Beitragsleistens haben und dies als ein wertstiftendes Ereignis empfinden (Wenzlaff & Eisfeld-Reschke, 2011). Dieser Größe kommt durchaus eine wichtige Bedeutung zu, auch wenn sie unter den einflussreichen Faktoren die schwächste bildet. Damit zusammen hängt auch der Wert der Partizipation, also die Zufriedenheit, die durch die Beteiligung erzeugt wird. Dieser Größe wiederum hatte keine besondere Auswirkung, da beispielsweise die Möglichkeit der aktiven Partizipation an einem Projekt fehlt.

Zu guter Letzt ist noch das Helferbewusstsein zu nennen, das durch eine Ähnlichkeit zum Initiator oder durch Erkennen des Gesellschaftsnutzens hervorgerufen wird. Das bedeutet, dass der Unterstützer nicht wegen der Gegenleistung seinen Beitrag leistet, sondern um den Projektinitiator zu unterstützen oder um einen Beitrag für die Gesellschaft zu leisten.

Wie kann Crowdfunding von mittelständigen Unternehmen genutzt werden?

Während Crowdfunding immer mehr Verbreitung bei der Finanzierung von Start-ups findet, wird es für den Mittelstand kaum genutzt. Und zwar deshalb, weil Crowdfunding vor allem für die Finanzierung zu Beginn eines Projekts oder eines Unternehmens geeignet ist, während für Anschlussfinanzierungen meist Volumen benötigt werden, die durch Crowdfunding nicht oder noch nicht aufgebracht werden können. Für diese müssen professionelle Investoren oder Kredite bemüht werden.

Eine Chance für mittelständische Unternehmen, diese neue Finanzierungsform für sich zu nutzen, könnte sich jedoch bei neuen Produkten ergeben. Bei der Betrachtung des einzelnen Produktes an sich entsteht das Bild eines »Start-ups« in einem etablierten Unternehmen. Dabei kann der Crowdfunding-Prozess identisch angewandt werden; nicht mit dem Ziel, ein Unternehmen zu gründen, sondern ein neues Produkt zu entwickeln und einzuführen.

Plant ein Unternehmen also, ein neues Produkt in seinem Angebot aufzunehmen, so kann die Idee auf einer der gängigen Crowdfunding-Plattformen veröffentlicht werden, wodurch die Internetgemeinschaft dazu aufgerufen wird, einen finanziellen Beitrag zu leisten. Als die obligatorische Gegenleistung würde sich hier das fertige Produkt für eine Art Vorverkauf anbieten. Ein Problem kann aber durch den derzeitigen Charakter des Crowdfundings entstehen. Es soll eine Finanzierungslücke für Projektinitiatoren und Gründer schließen, die anderweitig keine Geldmittel auftreiben können. Dadurch kann bei der Unterstützungsgemeinschaft eine Verweigerungshaltung aus ideellen Gründen entstehen, da mittelständische Unternehmen vielleicht nicht als unterstützungswürdig gesehen werden.

Dieses Problem kann einerseits durch eine überzeugende Produktidee gelöst werden, die einen »Haben wollen«-Effekt auslöst und die Unterstützer ungeachtet des unternehmerischen Hintergrunds zu einem finanziellen Beitrag animiert. Andererseits kann auch das Helferbewusstsein der Crowd genutzt werden, indem der Finanzierungsaspekt mit einem wohltätigen Zweck kombiniert wird. Eine Möglichkeit besteht beispielsweise in dem Versprechen, dass ein bestimmter Prozentsatz, den das zu entwickelnde Produkt später an Gewinn abwirft, über eine bestimmte Zeitdauer einer gemeinnützigen Organisation gespendet wird. Oder die gemeinnützige/soziale Leistung wird an die Erreichung der Finanzierungssumme geknüpft. Wird z. B. eine höhere Finanzierungssumme erreicht als angestrebt, so kann ein Anteil des Überschusses für soziale Projekte aufgewendet werden.

Damit würde sich für mittelständische Unternehmen auch eine neue Möglichkeit des Marketings eröffnen. Einerseits wird das Produkt möglichst früh an den zukünftigen Konsumenten herangetragen, wodurch sich auch eine Marktanalyse ergeben kann. Außerdem kann die Crowd aufgerufen werden, Ideen oder Kritiken mit einzubringen, wodurch das Unternehmen auch die »Crowd Wisdom« für sich nutzen kann. Andererseits kann durch die soziale Komponente eine Verbesserung des Images herbeigeführt werden.

Fazit

Die ähnlichen Abläufe und Strukturen – Ansprache einer breiten Masse an Interessenten, sehr hohe Skalierbarkeit der Einheiten, Erlangung der Bekanntheit vor einem breiten Publikum –, die das Crowfunding im Vergleich zum Kapitalmarkt aufweist, lassen darauf hoffen, dass das Crowdfunding das Potenzial einer echten Finanzierungsalternative aufweist. Auch wenn angemerkt werden muss, dass die Finanzierung eher über den Direktabsatz der Produkte abläuft, d. h., die Investoren erhalten als Rendite für ihr Investment den Output des Produktionsprozesses. Seine Finanzierung ist jedoch durch das Crowdfunding ohne Weiteres umsetzbar. Zudem empfehlen sich Kombinationen mit sozialen Aktivitäten zum Erhalt der Natur, der Unterstützung von Bildungsaktivitäten in Ländern der Dritten Welt oder Spenden, worauf die Ursprungsidee des Crowdfundings schließlich beruht.

Quellen

Frank, A. M. (2012). *Start Up und Internet Projekte finanzieren.* Ellwangen: WerbeCheck.de.

Gass, D. (2011). *Crowd Funding – How to Raise Money with the Online Crowd.* Las Vegas: Jump Profit, Inc.

Gerecht, C., Haselbach, D., & Theil, A. (2011). *Ein neuer Goldesel? Crowdfunding und Kulturpolitik. Jahrbuch für Kulturpolitik 2011: Thema: Digitalisierung*, Essen 2011.

Harms, M. (2007). *What drives Motivation to Participate in a Crowdfunding Community?* Amsterdam: Free University.

Hemer, J., Schneider, U., Dornbusch, F., & Frey, S. (2011). *Crowdfunding und andere Formen informeller Mikrofinanzierung in der Projekt- und Innovationsfinanzierung.* Stuttgart: Fraunhofer Verlag.

Hogarth, M. (2012). *From Spark to Finish: Running Your Kickstarter Campaign.* Three Jaguars.

Kaltenbeck, J. (2011). *Crowdfunding und Social Payments im Anwendungskontext von Open Educational Resources* (Bd. 1). Berlin: BIMS e.V.

Lawton, K., & Marom, D. (2012). *The Crowdfunding Revolution – How to Raise Venture Capital Using Social Media.* Maidenhead: McGraw-Hill.

Steinberg, D. (2012). *The Kickstarter Handbook – Real-Life Crowdfunding Success Stories.* Philadelphia: Quirk Books.

Steinberg, S. (2012). *The Crowdfunding Bible – How to Raise Money for Any Startup, Video Game or Project.* New York: READ.ME.

ter Kuile, F. A. (2012). *The State of Crowdfunding – A Review of Business Models and Platforms.* Saarbrücken: LAP Lambert Academic Publishing GmbH & Co. KG.

Warner, A. (2012). *Krautfunding – Deutschland entdeckt die Dankeschön-Ökonomie* (Bd. 2). Berlin: Medienbüro Mitte.

Wenzlaff, K., & Eisfeld-Reschke, J. (2011). *CrowdFunding Handbuch.* Berlin: ikosom.

7 SPACs als Finanzierungsalternative für mittelständische Unternehmen

Von Dr. Dominik Senn und Prof. Dr. Martin Užík

Einführung und Begriffsklärung

Die Mittelstandsfinanzierung ist aufgrund ihrer Bedeutung für die deutsche Volkswirtschaft ein in der Literatur oft thematisierter Begriff. Zunehmend zeigt sich jedoch die Notwendigkeit von Finanzierungsalternativen für den deutschen Mittelstand, da die global gewordene Finanzwelt stets einen globalen Vergleich bei Investitionsentscheidungen trifft. Dies hat zur Folge, dass die deutschen Unternehmen einer stärkeren Konkurrenz bei der Mittelbeschaffung gegenüberstehen.

In jüngster Vergangenheit thematisiert die Fachliteratur die sogenannte Special Purpose Acquisition Company (SPAC) als ein innovatives Finanzierungsvehikel für mittelständische Familienunternehmen. [105] Rosen (2008) schreibt, dass SPACs für Unternehmen geeignet sind,

> *»für die bislang die direkte Börsenfinanzierung über ein Going Public entweder zu aufwendig ist oder aus anderen Gründen nicht in Frage kommt. Dazu zählen insbesondere Familiengesellschaften oder mittelständische Unternehmen.«* [106]

Bei einem SPAC handelt es sich um eine ausschließlich zum Zweck der Durchführung einer Unternehmensakquisition neu gegründete Gesellschaft. Diese muss an der Börse notiert sein, wobei sie in einem ersten Schritt im Zuge der Aktienplatzierung in der Regel bei institutionellen Investoren Kapital einsammelt. Mit diesem Kapital wird eine nicht börsennotierte, operativ tätige Zielgesellschaft erworben.[107] In einem zweiten Schritt erfolgt die Verschmelzung mit der SPAC, wodurch das Zielunternehmen somit auf relativ unkomplizierte Art und Weise eine Börsennotierung erlangt. Die operativen Aktivitäten können weiterhin unter dem eigenen Namen und dem eigenen Geschäftsgegenstand fortgeführt werden.[108]

Dieses Vorgehen ist in den USA seit 2003 bekannt und fand mit dem SPAC-Börsengang der Germany I Acquisition Limited am 21.07.2008 an der NYSE Euronext in Amsterdam auch den Weg nach Deutschland.[109] Im Prime Standard der Frankfurter Wertpapierbörse wurde am 4.02.2010 mit der Helikos SE der erste SPAC an einer deutschen Börse platziert.[110] Die Helikos SE bot einem Zielunternehmen »200 Mio. Euro zur Eigenkapitalstärkung oder zur Ablösung von Gesellschaftern (z. B. im Rahmen einer Nachfolgeregelung)«[111] an.

Der SPAC ist von den Reverse Mergers, der teilweise auch als Reverse IPO bezeichnet wird, durch die zum Zeitpunkt des Börsengangs fehlende operative Tätigkeit zu unterscheiden.[112]

Funktionsweise der SPAC

Die SPACs basieren auf den erstmals in den 1980er-Jahren in den USA neu aufgekommenen Blind-Pool- oder Blank-Check-Gesellschaften.[113] Deren Ziel war es, im Rahmen von Börsengängen Kapital einzusammeln und es innerhalb einer vorher festgelegten Zeitspanne für die Akquisition einer oder mehrerer Zielgesellschaften zu verwenden.[114]

Häufige Kritik und unseriöse Managementteams sowie aufkommende Betrugsvorwürfe verdrängten diese Anlageform in den Hintergrund.[115] Die Weiterentwicklung der Blank-Check-Gesellschaften, die jüngst als SPAC bezeichnet wurden, ermöglichte dieser Finanzierungsalternative eine Renaissance.[116] Im Jahre 2003 setzte die Millstream Acquisition Corporation in den USA den ersten SPAC-IPO am Markt um.

Die SPAC emittiert bei dem Börsengang Verbund-Papiere (Units). Diese bestehen aus einem Anteil (Share) und einem Optionsschein (Warrant). Nach Aufnahme der Notierung werden diese Bestandteile separat gehandelt.[117] Dabei berechtigen die Optionen zum Erwerb weiterer Anteile. Ausgeübt werden sie erst nach der Identifikation eines Zielobjektes, im frühesten Fall jedoch ein Jahr nach dem SPAC-IPO.[118] Die maximale Laufzeit der Optionen entspricht in der Regel vier Jahren. Die Optionen verfallen, wenn keine Akquisition durchgeführt wird.[119] Die SPAC-Initiatoren (Sponsoren) und das SPAC-Management haben eine Beteiligung an der SPAC-Gesellschaft, die bis zu 20 Prozent der Anteile beträgt und als Capital at Risk bezeichnet wird.[120] Hierfür erhalten sie Promote Shares bzw. Sponsor Warrants. Bei diesen ist ein geringerer Preis aufzubringen als bei den Anteilen und Optionsscheinen der Investoren.[121] Das Capital at Risk wird im Falle der Liquidation der SPAC nicht zurückbezahlt.[122] Der Erlös aus der Emission wird auf einem Treuhandkonto (Trust Account) zweckgebunden für die Durchführung des Unternehmenserwerbs (Business Combination) hinterlegt. Damit wird das Kapital dem Einfluss des SPAC-Managements entzogen – mit Ausnahme der im Zusammenhang mit dem SPAC-IPO anfallenden Kosten, die gänzlich durch das Capital at Risk gedeckt werden.[123] Nach dem IPO ist innerhalb einer grundsätzlichen Frist von ca. 24 Monaten der Erwerb eines Zielunternehmens durchzuführen.[124]

Die Abstimmungsregeln hinsichtlich des Unternehmenserwerbs sehen bei der Hauptversammlung eine 80-prozentige Schwelle vor. Diese berücksichtigt die Situation, falls Anteilseigener von ihrem Recht Gebrauch machen, Anteile an die SPAC zurückzugeben.[125] Die Business Combination (hiermit wird der Unternehmenserwerb bezeichnet) ist gescheitert, wenn mehr als 20 Prozent der Anteilseigner ihre Anteile zurückgeben.[126]

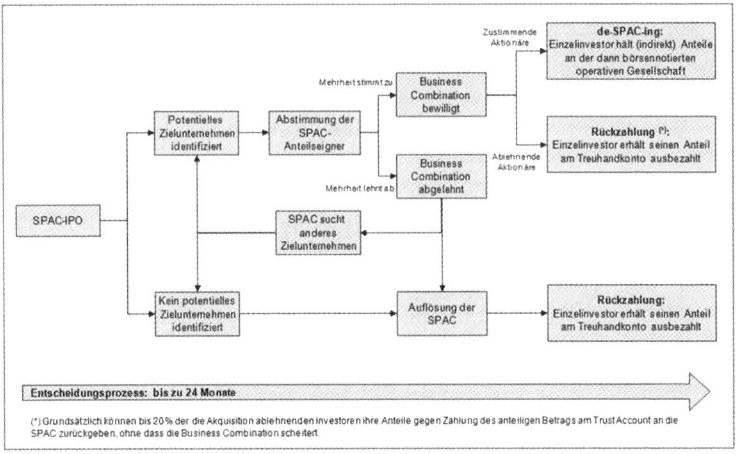

Abbildung 5: Lebenszyklus einer SPAC[127]

In Deutschland gelten für die SPAC die allgemeinen börsenzulassungsrechtlichen, kapitalmarktrechtlichen sowie gesellschaftsrechtlichen Vorschriften, da es sich bei SPACs grundsätzlich weder um eine eigene Rechtsform noch um ein gesondert zu regulierendes Anlagevehikel handelt.[128]

Der SPAC-Markt

International

Dem 24,2 Mio. US-Dollar hohen Emissionserlös durch die Millstream Acquisition Corporation in 2003 folgte in den USA ein regelrechter Boom.[129] Im Jahr 2007 nahmen 66 SPACs ihre Börsennotierung auf und generierten einen gesamten Emissionserlös in Höhe von 12,1 Mrd. US-Dollar.[130] Der SPAC-IPOs-Anteil im Jahr 2007 machte ca. ein Drittel aller in diesem Jahr in den USA stattgefundener Börsengänge aus. 25 Prozent des Emissionserlöses wurden durch die SPAC-IPOs generiert.[131] Der größte SPAC-IPO weltweit hatte ein Emissionsvolumen von 1,035 Mrd. US-Dollar und wurde im Dezember 2007 durch den Börsengang der Liberty Acquisition

Holdings realisiert. Er wurde von Citigroup und Lehman Brothers durchgeführt.[132] Durch den Einfluss der Finanzkrise verzeichnete der Markt einen starken Rücklauf.[133]

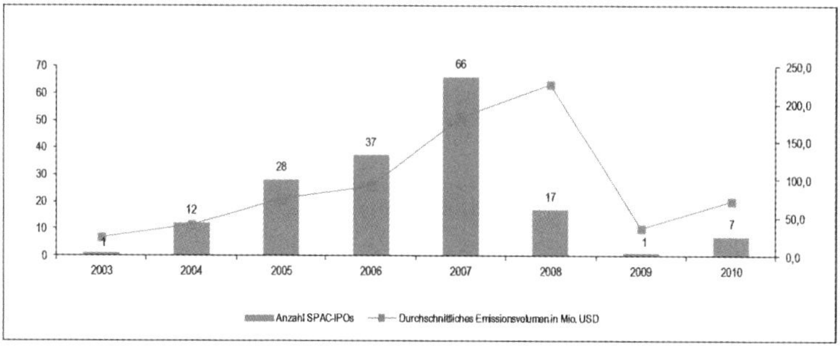

Abbildung 6: Entwicklung des US-amerikanischen Markts für SPACs[134]

Bis zum 31.08.2010 haben 163 SPACs in den USA eine Börsennotierung aufgenommen. 95 davon haben eine Business Combination mit einem Zielunternehmen durchgeführt. 64 SPACs wurden ohne die Durchführung einer Business Combination liquidiert. Die verbliebenen vier SPACs befanden sich zum 31.08.2010 entweder in der Marktscreening- oder Verhandlungsphase.[135]

Die ersten europäischen SPACs waren die Notierungsaufnahmen der International Metal Enterprises, der Energy XXI Acquisition Corporation und der IRF European Finance Investment Ltd. am nicht EU-regulierten Segment der Londoner Börse, dem Alternative Investment Market (AIM) im Jahr 2005. Mitte 2007 wurde mit dem IPO der Pan-European Hotel Acquisition Company das erste Listing einer SPAC an der NYSE Euronext in Amsterdam realisiert. Die Liberty International Acquisition Company erzielte im Februar 2008 der Amsterdamer NYSE Euronext den größten europäischen Emissionserlös in Höhe von 600 Mio. Euro .[136] Es muss konstatiert werden, dass der europäische SPAC-Markt im Vergleich zu seinem US-amerikanischen Konkurrenten sowohl hinsichtlich der Anzahl der durchgeführten IPOs als auch deren Emissionsvolumina deutlich zurückliegt.

Deutschland

Der erste deutsche SPAC-Börsengang der Germany 1 Acquisition Limited am 21.07.2008 erfolgte an der NYSE Euronext in Amsterdam.[137] Ein Jahr nach dem Börsengang präsentierte das SPAC-Management mit dem im Jahr 1945 gegründeten Leistungselektronikspezialisten AEG Power Solutions den Übernahmekandidaten. Knapp 90 Prozent der Anteilseigner sprachen sich für die Übernahme aus, sodass die Business Combination als bewilligt angesehen werden konnte.[138] Die verbliebenen Aktionäre, die gegen eine Übernahme stimmten, machten von ihrem Recht Gebrauch, die Shares an die SPAC-Gesellschaft zurückzugeben. Sie erhielten 10,08 Euro für jeden zu 10,00 Euro bezogenen Anteilsschein.[139] Die Germany 1 Acquisition Limited wurde in eine Holding umgewandelt, die heute unter dem Namen 3W Power Holding firmiert und an der Börse gelistet ist.[140] Mit der Helikos SE am 4.02.2010[141] und der European CleanTech I SE im Oktober 2010 wurden im Prime Standard der Frankfurter Wertpapierbörse die einzigen deutschen SPACs notiert.

Fazit

SPACs zählen zu einer innovativen Finanzierungmöglichkeit von Unternehmen. Dabei ist jedoch zu berücksichtigen, dass schwerpunktmäßig die Sichtweise der Investoren sowohl in der Literatur als auch bei der Umsetzung in der Praxis im Fokus steht. Dennoch eignen sich SPACs als interessante Finanzierungsalternative für den deutschen Mittelstand. Die Möglichkeiten der Gründung einer Gesellschaft und der Suche nach Investoren sowie die Übernahme mehrere Gesellschaften aus dem gleichen Segment eröffnen neue Wege für die operative Zukunft des deutschen Mittelstandes. Die neu erlangte Börsennotierung eröffnet zudem die Tür zu einer weiteren Kapitalmarktfinanzierung sowohl durch Eigen- als auch Fremdkapital.

Quellen

Harrer, Herbert, & Janssen, Ulli (2009): Rechtliche Aspekte von Special Purpose Acquisition Companies in Deutschland, in: *Finanz Betrieb*, Nr. 1 2009, S. 46–48.

Jenkinson, Tim, & Sousa, Miguel (2009): Why SPAC Investors Should Listen to the Market, Working Paper, Oxford University, verfügbar unter SSRN: http://ssrn.com/abstract=1331383.

Lahnstein, Florian, & Homann, Felix (2010): Übernahmevehikel der Zukunft? – Erfahrungen mit einer Special Purpose Acquisition Company in Deutschland, in: *Going Public Magazin*, Sonderausgabe Kapitalmarktrecht 2010, S. 38–39.

Lewellen, Stefan M. (2009): SPACs as an Asset Class, Working Paper, Yale University, verfügbar unter SSRN: http://ssrn.com/abstract=1284999.

Riemer, Daniel S. (2007): Special Purpose Acquisition Companies: SPAC and SPAN, or Blank Check Redux, in: *Washington University Law Review*, Vol. 85, S. 931–967.

Röder, Klaus, & Walkshäusl, Christian (2008): SPACs: Struktur, Performance und Bewertung, in: *Finanz Betrieb*, Nr. 10 2008, S. 641–645.

Rosen, Rüdiger (2008): SPACs: Innovative Übernahmevehikel, in: *Going Public Magazin*, Sonderbeilage »Special Purpose Acquisition Companies (SPACs)«, Nr. 10 2008, S. 3.

Schweizer, Denis, & Mietzner, Mark (2009): Investitionen mit »Geld-zurück-Garantie«? – Special Purpose Acquisition Companies in Europa, in: *Going Public Magazin*, Nr. 10 2009, S. 54–55.

Seiler, Oliver, & Just, Clemens (2008): Börsengang durch die Hintertür – Kapitalmarktrechtliche Besonderheiten bei

SPACs, in: *Going Public Magazin*, Sonderbeilage »Special Purpose Acquisition Companies (SPACs)«, Nr. 10 2008, S. 18–19.

Seppelfricke, Peter, & Seppelfricke, Jürgen (2001): Reverse Merger am Neuen Markt, in: *Finanz Betrieb*, Nr. 11 2001, S. 581–592.

Simmat, Udo, & Siebert, Jacob (2010): SPAC – Eine neue Asset-Klasse in Europa, in: *Corporate Finance Law*, Nr. 1 2010, S. 13–23.

Simon, Hermann (2010): SPAC: Eine mittelstandsorientierte Innovation für Eigenkapitalstärkung und Börsengang, in: *Corporate Finance Law*, Nr. 4 2010, S. 219–223.

Sjostrom, William K. (2008): The Truth about Reverse Mergers, in: *Entrepreneurial Business Law Journal*, Vol. 2, S. 743–759.

simplified

8 Mittelstandsanleihen als Finanzierungsalternative für Unternehmen

Von Dipl.-Ök. Mareike Hermann und Prof. Dr. Martin Užík

Einführung und Begriffsklärung

Anleihen sind festverzinsliche Wertpapiere und stellen Schuldverschreibungen dar, die das Recht auf die Rückzahlung des Nennwertes sowie einer Verzinsung verbriefen.[142] Als Emittenten von Anleihen treten am Markt Staaten, Banken, Landesregierungen sowie Unternehmen auf.[143] Emittieren Unternehmen Anleihen, so werden diese als Unternehmensanleihe oder Corporate Bonds bezeichnet. Die Anleihen stellen für die Unternehmen ein wichtiges Finanzierungsinstrument dar, wobei die Emissionskosten sowie die Erfüllung spezifischer Rahmenbedingungen dazu führten, dass vornehmlich größere Unternehmen die Anleihen nutzten.

Seit kurzer Zeit wird die Anleihe auch für mittelständische Unternehmen immer öfter als Finanzierungsalternative genutzt. Die mittelständischen Unternehmen emittieren ihre Anleihen immer häufiger in Eigenregie, das heißt, das Unternehmen gibt die Anleihe selbst heraus.[144] Bei Mittelstandsanleihen handelt es sich also um die genannten Corporate Bonds bzw. Unternehmensanleihen, die von mittelständischen Unternehmen begeben werden. Der Markt für Mittelstandsanleihen zählt zu den relativ jungen Bereichen. Die Börse Stuttgart führte im Jahr 2010 als Erste das Handelssegment Bondm ein.[145] »Der Bondm-Index umfasst alle festverzinslichen in Euro denominierten Unternehmensanleihen, die im Segment Bondm der Boerse Stuttgart AG begeben werden und eine Restlaufzeit von mindestens zwölf Monaten haben. Der Index bildet somit die Kursentwicklung mittelständischer Unternehmensanleihen ab. Der Bondm-Index wird als reiner Performance Index berechnet, d. h., Kuponzahlungen werden in den Index reinvestiert.«[146] Inzwischen folgten weitere deutsche Wertpapierbörsen dem Stuttgarter Beispiel und ermöglichen ebenfalls die Emission von Mittelstandsanleihen.[147]

Die Börsenfähigkeit von Mittelstandsanleihen begründet deren aktuellen Markterfolg. Bei Mittelstandsanleihen handelt es sich um Anleihen mit einem vergleichsweise geringen Volumen zwischen 25 Mio. Euro und 150 Mio. Euro, die über den Kapitalmarkt emittiert werden. Aufgrund der restriktiven Anforderungen von institutionellen Fondsmanagern an Unternehmensgröße und Handelsvolumen wurden Anleihen in diesen Größenordnungen früher nicht platziert. Darüber hinaus war es für die Banken fast unmöglich, Investoren zu finden, die bereit waren, in solche kleinen Anleihevolumina zu investieren.[148]

Für Unternehmen stellten sich Mittelstandsanleihen schnell als eine gute Möglichkeit zur Diversifikation ihrer Finanzierungsquellen heraus.[149] Das liegt vor allem darin begründet, dass der Finanzierungsbedarf von Unternehmen, bedingt durch verschiedene Entwicklungen (z. B. Übernahme eines Wettbewerbers), alleine durch Bankkredite nicht mehr gedeckt werden kann. Hinzu kommt, dass im Laufe der nächsten Jahre die Kreditvergabevorschriften der Aufsichtsbehörden für Banken, bedingt durch Basel III, immer strenger werden. Die Kreditvergabepolitik der Banken wird restriktiver und teurer. Das führt dazu, dass Bankkredite für mittelständische Unternehmen immer mehr an Attraktivität und zunehmend auch an Flexibilität verlieren.[150] Im Vergleich zu Aktien unterliegen Unternehmensanleihen geringeren rechtlichen Auflagen.[151] Somit stellt die Mittelstandsanleihe eine alternative Finanzierungsmöglichkeit für mittelständische Unternehmen dar.

Bei der Investorensuche stehen vor allem informierte Privatanleger und kleine institutionelle Investoren im Fokus.[152] Aufgrund der Tatsache, dass der deutsche Mittelstand als grundsolide und ertragsstark gilt, und bedingt durch die Möglichkeit für den Investor in diesem Segment über die Hausbank direkt Anteile über die Börse zu zeichnen, fand dieses Angebot auch besonders bei Kleinanlegern großen Zuspruch.[153] Private Anleger sowie institutionelle Investoren sehen in Mittelstandsanleihen eine Möglichkeit der Risikodiversifikation und Renditeverbesserung ihrer Portfolios.[154] Laut einer Studie ist die Risikodiversifikation als Anlagemotiv allerdings nur von mittlerer Bedeutung. Die Renditeverbesserung stellt das wichtigste Motiv für die Anlage in Mittelstandsanleihen dar, vor allem private Anleger schätzen die Renditechancen im Segment der Mittelstandsanleihen höher ein als in anderen Marktsegmenten.[155] Ein weiteres sehr wichtiges Motiv für die Investition in eine Mittelstandsanleihe ist die Regelmäßigkeit der Erträge.[156]

Den ersten Dämpfer erfuhr der Mittelstandsanleihenmarkt im Jahr 2012, als er Mitte März mit dem Ausfall der SIAG Schaaf Industrie AG-Anleihe den ersten Ausfall einer Mittelstandsanleihe verzeichnete.[157] Die Sicherheit bzw. das Ausfallrisiko von Mittelstandsanleihen wird seit diesem Vorfall kontrovers beurteilt.[158] Unabhängig von diesen Marktentwicklungen stellt der Markt für Mittelstandsanleihen eine bedeutende Finanzierungsquelle für den deutschen Mittelstand dar.

Von der Emission bis zur Zeichnung – am Beispiel des Bondm – und allgemeine Emissionsbedingungen

Um als mittelständisches Unternehmen Anleihen begeben zu können, müssen einige Voraussetzungen erfüllt sein: Zum einen muss das Unternehmen, das eine Anleihe emittieren möchte, über die Bereitschaft zur Erfüllung der Publizitätsanforderungen hinsichtlich der Informationsweitergabe und des Außenauftritts verfügen sowie zur Erstellung eines Börsenprospekts bereit sein. Darüber hinaus muss ein gutes Unternehmensrating vorliegen. Von diesem Rating sind auch die Konditionen abhängig. Das Unternehmen muss über eine bestimmte Größe verfügen, da zu kleinen und unbekannten Unternehmen das Potenzial für eine Anleiheemission fehlt. Möglicherweise ist eine Anpassung der Finanzierungsstruktur in Bezug auf die Eigenkapitalquote notwendig. Das Unternehmen sollte eine interessante Investment-Story vorweisen können und nach Möglichkeit einen Finanzierungsanlass schaffen.[159]

Wie bereits erwähnt, ist der Bondm ein spezielles Handelssegment der Börse Stuttgart für Unternehmensanleihen im Freiverkehr, das sich vor allem an Emittenten aus dem Mittelstand richtet. Die Emittenten von Anleihen sind verpflichtet, gegenüber Anlegern und Investoren fortlaufende Transparenz und Publizität zu gewährleisten. Ein weiteres Kriterium für eine Anleiheemission ist, dass Mindestanforderungen an die Kapitalmarkteignung des emittierenden Unternehmens gestellt werden. Es ist üblich, dass ein Kapitalmarktexperte, der sogenannte Bondm Coach, die Emittenten überstützt, um zu gewährleisten, dass sowohl während des Emissionsprozesses als auch während der Laufzeit alle Vorgaben und Folgepflichten eingehalten werden. Der Bondm richtet sich vor allem an industrielle oder industrienahe Mittelstandsunternehmen und bietet diesen die Möglichkeit einer alternativen Fremdfinanzierung über den Kapitalmarkt und das Listing in einem Handelssegment.[160]

Im Rahmen der Gestaltung der Emissionsbedingungen muss im Hinblick auf die Übertragbarkeit von Anleihen zwischen Inhaber-, Order- und Namensschuldverschreibungen unterschieden werden. Inhaberschuldverschreibungen und Orderschuldverschreibungen zeichnen sich dadurch aus, dass der Inhaber des Wertpapiers auch die Rechte am Papier hat. Bei Namensschuldverschreibungen hingegen verfügt die namentlich in der Urkunde genannte Person über die Rechte.[161]

Im Hinblick auf den Rang sehen die Anleihebedingungen »in der Regel vor, dass die Verpflichtungen des Emittenten aus den Schuldverschreibungen direkte, unbedingte, nicht besicherte und nicht nachrangige Verbindlichkeiten des Emittenten begründen, die untereinander und mit allen anderen nicht besicherten und nicht nachrangigen gegenwärtigen und zukünftigen Verbindlichkeiten des Emittenten gleichrangig sind, soweit diesen Verbindlichkeiten nicht durch zwingende gesetzliche Bestimmungen ein Vorrang eingeräumt wird«.[162]

Bezüglich der Stückelung von Schuldverschreibungen gibt es keine zwingenden Vorgaben, häufig sind aber in der Praxis Stückelungen von 1000 Euro pro Inhaberschuldverschreibung vorzufinden.[163]

Hinsichtlich der Laufzeit einer sich am Markt befindlichen Anleihe sind drei bis sieben Jahre üblich. Möglich ist es aber auch, eine Schuldverschreibung ohne feste Laufzeit zu begeben, die es aber in der Praxis selten gibt. In der Regel erfolgt die Rückzahlung der Anleihe zum Laufzeitende in einer Summe.[164]

Hinsichtlich der Verzinsung ist zwischen gängigen Varianten von Unternehmensanleihen zu unterscheiden, zu denen »festverzinsliche Anleihen, variabel verzinsliche Anleihen, Nullkuponanleihen, Gewinnschuldverschreibungen, Wandelanleihen [sowie] Optionsanleihen«[165] zählen.

Gelegentlich sind in den Anleihebedingungen verschiedene Zusicherungen und Gewährleistungen zu finden. Diese legen dem Emittenten bestimmte Handlungs- oder Unterlassungspflichten auf. Der Umfang und die Reichweite dieser im Einzelfall auferlegten Zusicherungen und Gewährleistungen haben auch einen großen Einfluss auf die Ratingvergabe.[166]

Im Rahmen der Kündigungsrechte ist zwischen dem Kündigungsrecht des Emittenten sowie dem Kündigungsrecht des Anlegers zu unterscheiden.[167]

Außerdem können im Rahmen der Emission von Anleihen noch Angaben zu Steuern, zum Schuldnerwechsel, zur Zahlstelle und zur Vorlegungsfrist gemacht werden. In der Regel enthalten Emissionsbedingungen auch eine Salvatorische Klausel sowie Rechtswahl und Gerichtsstand.[168]

Privatanlegern, die an der Börse Stuttgart einen besonders hohen Stellenwert genießen, wird durch das Handelssegment Bondm erstmals die bisher institutionellen Investoren vorbehaltene Möglichkeit eröffnet, eine Anleiheemission zu zeichnen. Nach der Emission findet eine Betreuung der Anleihe durch die EUWAX AG als Quality-Liquidity-Provider (QLP) statt, dadurch werden ständige

Preisermittlungen ermöglicht. Bondm stellt somit das erste öffentlich-rechtlich überwachte Handelssegment für Unternehmensanleihen mittelständischer Unternehmen dar.[169]

Die Zeichnung einer Anleihe im Bondm-Index wird abgewickelt, indem eine Order über eine Online-Bank oder einen Anlageberater einer Hausbank aufgegeben wird. Bei der Orderaufgabe zählt die Orderart zu den notwendigen Angaben: Es muss angegeben werden, dass es sich um einen Kauf handelt, außerdem muss der gewünschte Nominalbetrag angegeben werden. Die Anleihen werden, wie meistens üblich, in einer Stückelung von 1000 Euro nominal begeben. Darüber hinaus muss die Wahl des Börsenplatzes, für Bondm Stuttgart, erfolgen. Nach Ablauf der Zeichnungsfrist wird die Anleihe zum Ausgabepreis in das Depot gebucht und steht ab dem ersten Handelstag zum Handel an der Börse bereit. Angaben zu Zeichnungsfristen sind über die Homepages der jeweiligen Börsenplätze abrufbar. Sollte es zu einer Überzeichnung kommen, besteht die Möglichkeit der vorzeitigen Schließung.[170]

Für die im Bondm gelisteten Anleihen erfolgt pro Handelstag mindestens eine Preisermittlung. Der Handel an der Börse Stuttgart ist während der Börsenzeiten von 8 bis 18 Uhr möglich. Erreicht eine Order das elektronische Handelssystem der Börse Stuttgart, wird sie innerhalb weniger Sekunden an das Orderbuch des Quality-Liquidity-Providers (QLP) weitergeleitet und elektronisch auf Ausführbarkeit geprüft. Sind alle Voraussetzungen erfüllt, wird die Order im elektronischen Handelssystem ausgeführt. Eine Pflichtaufgabe des Quality-Liquidity-Providers (QLP) besteht darin, für jedes im Handelssegment Bondm gelistete Wertpapier während der gesamten Handelszeit ständig Preisinformationen bereitzustellen. Darüber hinaus überprüft er Informationen auf Plausibilität, auf die das elektronische Handelssystem bei der Preisermittlung zurückgreift.[171]

Es gibt einige Qualitätsmerkmale, die den Handel mit Bondm-Anleihen auszeichnen. Zum einen gibt es das Best-Price-Prinzip, das heißt, der Auftrag wird immer zum Zeitpunkt der Orderausführung zum bestmöglichen Preis am Markt ausgeführt. Darüber hinaus gibt es das Best-Size-Prinzip, hiermit ist gemeint, dass Anleihen grundsätzlich in einer Stückelung von 1000 Euro begeben werden. Außerdem findet immer eine schnellstmögliche Orderausführung sowie ein fortlaufender Handel statt. Durch den Einsatz des Quality-Liquidity-Providers (QLP) kommt es zu einer Liquiditätserhöhung. Durch fortlaufende Veröffentlichung von Kursen, Preis- und anderen Informationen über verschiedene Medien herrscht eine ständige Transparenz. Außerdem werden die Preisermittlung sowie die Auftragsabwicklung durch die unabhängige Handelsüberwachungsstelle kontrolliert.[172]

Zum Service der Börsen für die Anleger gehört es, Informationen über Emittenten, Anleihen und die Handelssegmente zu veröffentlichen, die ebenfalls über die jeweiligen Homepages abrufbar sind. Zu den von der Börse Stuttgart zum Bondm veröffentlichten Informationen zählen die Angabe von anstehenden und laufende Emissionen, von Zeichnungsfristen sowie Schließungsankündigungen. Darüber hinaus werden Regularien und Zulassungsvoraussetzungen bekannt gegeben. Außerdem stehen Wertpapierprospekte, Ratings und Folgeratings, Jahresabschlüsse und Halbjahresberichte, Quasi-Ad-hoc-Meldungen, Informationen über den Bondm-Index als Benchmark für Mittelstandsanleihen sowie Angaben zur Risikoklassifizierung von Bondm-Anleihen zur Verfügung.[173]

Entwicklung des Marktes für Mittelstandsanleihen

Nach einem Boom am mittelständischen Anleihenmarkt in der ersten Hälfte des Jahres 2011 folgte nach der Sommerpause ein starker Absturz. Der Bondm-Index erreichte im Juli 2011 sein Hoch mit 104 Punkten, im Dezember 2011 fiel er auf ein vorläufiges Tief von 89 Zählern. Einzelne Titel mussten sogar mehr als die Hälfte ihres Nennwertes einbüßen.[174]

Aufgrund dieser Entwicklung reagierten viele Investoren, vor allem Privatanleger, die eine der wichtigsten Zielgruppen auf dem Markt für die Emission von Mittelstandsanleihen darstellen, verschreckt und zogen sich zurück. Dadurch bedingt war es selbst für Unternehmen, die ihren Gläubigern Zinszahlungen von 10 Prozent oder mehr versprachen, unmöglich Abnehmer zu finden, die in ihre Anleihen investierten.[175]

Nach diesen Ereignissen mussten sich viele Unternehmen von ihren Kapitalmarktplänen verabschieden. Vor allem für die Unternehmen, die kurz vor der Platzierung standen, war diese Entwicklung ein harter Schlag. Es wird wohl viele Anleihen geben, die schon einmal avisiert waren, aber nie am Kapitalmarkt platziert werden. Dafür gibt es zwei Gründe. Zum einen würde ein neuer Platzierungsanlauf für die Unternehmen einen zu großen zeitlichen und finanziellen Aufwand bedeuten, zum anderen stehen die Investoren Mittelstandsanleihen mittlerweile sehr skeptisch gegenüber, was auch zum Scheitern einer Emission führen könnte.[176]

Auch wenn der Hype vorbei ist, bedeutet diese Entwicklung trotzdem nicht das Ende des noch jungen Marktsegments Mittelstandsanleihe. Nach Aussage von Kai Hartmann, Head of Corporate Finance des Mittelstands-Finanzierungsberaters Youmex, kommt es jetzt auf Qualität an.[177]

Unternehmen, die zukünftig eine Refinanzierung über Mittelstandsanleihen anstreben und keine starke Marke vorweisen können, werden einen schweren Stand haben und harte Arbeit leisten müssen. In solchen Fällen ist es beispielsweise wichtig, vor der Emission von Anleihen die Bilanzen zu verbessern. Allerdings stehen hier aber auch die Finanzdienstleister, also Banken und Börsenplätze, in der Verantwortung. Sie sollten im eigenen Interesse zum Scheitern verurteilte Emissionen ablehnen, um den Ruf des noch relativ jungen Marktsegments Mittelstandsanleihe nicht zu gefährden.[178]

Die folgende Tabelle stellt eine Übersicht aller an den verschiedenen Börsenplätzen gelisteten Anleihen dar. Hierbei werden neben Emittent und Branche des jeweiligen emittierenden Unternehmens auch das maximale Investitionsvolumen, der Coupon, also die Nominalverzinsung, das Datum der Erstnotierung sowie die Fälligkeit der jeweiligen Anleihe angegeben. Darüber hinaus wird das Rating sowie die Ratingagentur, die die Bonitätsbewertung der jeweiligen

Anleihe durchgeführt hat, genannt.[179] Anhand der Übersicht wird deutlich, welches Potenzial vor allem für Investoren in Mittelstandsanleihen steckt.

Mittelstandsmarkt (Börse Düsseldorf)

Emittent	Branche	Volumen (bis zu)	Coupon	Erstnotierung	Fälligkeit	Rating	Ratingagentur
Bastei Lübbe GmbH & Co. KG	Konsum	30 000 000 €	6,750 %	26.10.2011	26.10.2016	BBB	Creditreform
e.n.o. energy GmbH	Erneuerbare Energien	25 000 000 €	7,375 %	30.06.2011	01.07.2016	BB+	Creditreform
Euroboden GmbH	Sonstige	15 000 000 €	7,375 %	16.07.2013	16.07.2018	BB	Creditreform
ffk Environment GmbH	Rohstoffe	25 000 000 €	7,250 %	01.06.2011	01.06.2016	BB+	Creditreform
friedola Gebr. Holzapfel GmbH	Konsum	25 000 000 €	7,250 %	11.04.2012	11.04.2017	BB	Creditreform
GIF – Gesellschaft für Industrieforschung mbH	Sonstige	15 000 000 €	8,500 %	20.09.2011	20.09.2016	BB	Creditreform
Günther Zamek Produktions- und Handelsgesellschaft mbH & Co. KG	Konsum	35 000 000 €	7,750 %	15.05.2012	15.05.2017	BB	Creditreform
HAHN-Immobilien-Beteiligungs AG	Immobilien	20 000 000 €	6,250 %	01.10.2012	01.10.2017	A-	Scope
Hallhuber Beteiligungs GmbH	Konsum	30 000 000 €	7,250 %	19.06.2013	19.06.2018	BB	Creditreform
hkw Personalkonzepte GmbH	Sonstige	10 000 000 €	8,250 %	15.11.2011	15.11.2016	BBB	Creditreform
Katjes International GmbH & Co. KG	Konsum	45 000 000 €	7,125 %	19.07.2011	19.07.2016	BB+	Creditreform
MT-Energie GmbH	Erneuerbare Energien	30 000 000 €	8,250 %	04.04.2012	04.04.2017	BBB-	Creditreform
Procar Automobile Finanz-Holding GmbH & Co. KG	Konsum	30 000 000 €	7,750 %	14.10.2011	14.10.2016	BBB	Creditreform
Semper idem Underberg GmbH	Konsum	70 000 000 €	7,125 %	20.04.2011	20.04.2016	BB+	Creditreform
Textilkontor Seidensticker GmbH & Co. KG	Konsum	30 000 000 €	7,250 %	12.03.2012	12.03.2018	BB+	Creditreform
Valensina GmbH	Konsum	50 000 000 €	7,375 %	28.04.2011	28.04.2016	BB	Creditreform

Entry Standard Anleihen (Börse Frankfurt)

Emittent	Branche	Volumen (bis zu)	Coupon	Erstnotierung	Fälligkeit	Rating	Ratingagentur
ADLER Real Estate AG	Immobilien	20 000 000 €	8,750 %	03.04.2013	03.04.2018	BB	Scope
Allgemeine Baugesellschaft-A. Porr AG	Sonstige	50 000 000 €	6,250 %	04.12.2012	04.12.2016	--	--
Alno AG	Konsum	45 000 000 €	8,500 %	14.05.2013	14.05.2018	B-	Scope
BDT Media Automation GmbH	Sonstige	30 000 000 €	8,125 %	09.10.2012	09.10.2017	BB+	Creditreform
Berentzen-Gruppe AG	Konsum	50 000 000 €	6,500 %	18.10.2012	18.10.2017	--	--
Constantin Median AG	Sonstige	65 000 000 €	7,000 %	23.04.2013	23.04.2018	--	--
Deutsche Rohstoff AG	Sonstige	100 000 000 €	8,000 %	11.07.2013	11.07.2018	BB+	Creditreform
Deutsche Forfait AG	Sonstige	30 000 000 €	7,875 %	27.05.2013	27.05.2020	BB+	Scope
Enterprise Holdings Ltd.	Sonstige	35 000 000 €	7,000 %	26.09.2012	26.09.2017	A-	Creditreform
Eyemaxx Real Estate AG	Immobilien	25 000 000 €	7,500 %	26.07.2011	26.07.2016	BBB+	Creditreform
Eyemaxx Real Estate AG	Immobilien	15 000 000 €	7,750 %	11.04.2012	01.11.2017	BBB+	Creditreform
Eyemaxx Real Estate AG	Immobilien	15 000 000 €	7,875 %	26.03.2013	26.03.2019	BBB+	Creditreform
Gamigo AG	Sonstige	15 000 000 €	8,500 %	20.06.2013	20.06.2018	B+	Creditreform
Golden Gate AG	Immobilien	30 000 000 €	6,500 %	11.04.2011	11.10.2014	BB	Creditreform
Golfino AG	Konsum	12 000 000 €	7,250 %	05.04.2012	04.04.2017	BBB-	Creditreform
Grand City Properties S.A.	Immobilien	100 000 000 €	6,250 %	03.06.2013	03.06.2020	BB-	S&P
HELMA Eigenheimbau AG		25 000 000 €	5,875 %	19.09.2013	19.09.2018	BBB	Creditreform
HOMANN HOLZWERKSTOFFE GmbH	Sonstige	75 000 000 €	7,000 %	14.12.2012	14.12.2017	BBB-	Creditreform
Jacob Stauder GmbH & Co. KG	Konsum	10 000 000 €	7,500 %	23.11.2012	23.11.2017	BB-	Creditreform
Karlie Group GmbH	Konsum	5 900 000 €	6,750 %	25.06.2013	25.06.2018	BB	Scope
Karlsberg Brauerei GmbH	Konsum	30 000 000 €	7,375 %	28.09.2012	28.09.2017	BB-	Creditreform
KTG Agrar AG	Rohstoffe	100 000 000 €	7,125 %	06.06.2011	06.06.2017	BBB	Creditreform
KTG Energie AG	Rohstoffe	25 000 000 €	7,250 %	28.09.2012	28.09.2018	BBB-	Creditreform
Laurèl GmbH	Konsum	20 000 000 €	7,125 %	16.11.2012	16.11.2017	BBB	Creditreform
MBB Clean Energy AG	Erneuerbare Energien	72 000 000 €	6,250 %	06.05.2013	06.05.2019	BBB	Creditreform

Emittent	Branche	Volumen (bis zu)	Coupon	Erstnotierung	Fälligkeit	Rating	Ratingagentur
Metalcorp Group B.V.	Sonstige	30 000 000 €	8,750 %	26.07.2013	27.06.2018	BB	Creditreform
MS »Deutschland« Beteiligungsgesellschaft mbH	Sonstige	50 000 000 €	6,875 %	18.12.2012	18.12.2017	A	Scope
MS Spaichingen GmbH	Maschinen- bau	30 000 000 €	7,250 %	15.07.2011	15.07.2016	BB	Euler Hermes
Paragon AG	Sonstige	20 000 000 €	7,250 %	02.07.2013	02.07.2018	BB+	Creditreform
Peach Property Group GmbH	Immobilien	50 000 000 €	6,600 %	30.06.2011	30.06.2016	BBB-	Creditreform
Rena GmbH	Erneuerbare Energien	40 000 000 €	8,250 %	11.07.2013	11.07.2018	BB	Euler Hermes
RENÉ LEZARD Mode GmbH	Konsum	15 000 000 €	7,250 %	26.11.2012	25.11.2017	BB	Creditreform
Rudolf Woehrl AG	Konsum	30 000 000 €	6,500 %	12.02.2013	12.02.2018	BB	Euler Hermes
S & T AG	Sonstige	15 000 000 €	7,250 %	22.05.2013	22.05.2018	BBB-	Creditreform
S.A.G. Solarstrom AG	Erneuerbare Energien	25 000 000 €	7,500 %	11.07.2011	10.07.2017	BBB+	Creditreform
S.A.G. Solarstrom AG	Erneuerbare Energien	50 000 000 €	6,250 %	15.12.2010	14.12.2015	BBB+	Creditreform
SANHA GmbH & Co. KG	Konsum	25 000 000 €	7,750 %	04.06.2013	04.06.2018	BB+	Creditreform
Sanochemia Pharmazeutika AG	Sonstige	10 000 000 €	7,750 %	06.08.2012	06.08.2017	--	--
Schalke 04	Sonstige	50 000 000 €	6,750 %	11.06.2012	11.07.2019	BB	Creditreform
Scholz AG	Rohstoffe	150 000 000 €	8,500 %	08.03.2012	08.03.2017	BB	Euler Hermes
SeniVita Sozial gGmbH	Sonstige	15 000 000 €	6,500 %	17.05.2011	16.05.2016	A-	Creditreform
SIAG Schaaf	Erneuerbare Energien	50 000 000 €	9,000 %	13.07.2011	12.07.2016	B-	S&P
Singulus Technologies AG	Maschinen- bau	60 000 000 €	7,750 %	23.03.2012	23.03.2017	--	--
Steilmann-Boecker Fashion GmbH & Co. KG	Konsum	30 000 000 €	6,750 %	27.06.2012	27.06.2017	BBB	Creditreform
Stern Immobilien AG	Immobilien	20 000 000 €	6,250 %	23.05.2013	23.05.2018	A-	Scope
Travel24.com AG	Konsum	25 000 000 €	7,500 %	17.09.2012	17.09.2017	--	--

bondm (Boerse Stuttgart)

Emittent	Branche	Volumen (bis zu)	Coupon	Erstnotierung	Fälligkeit	Rating	Ratingagentur
3W Power Holdings S.A.	Erneuerbare Energien	100 000 000 €	9,250 %	01.12.2010	01.12.2015	B-	S&P
Air Berlin PLC	Luftfahrt	100 000 000 €	11,500 %	01.11.2011	01.11.2014	--	--
Air Berlin PLC	Luftfahrt	150 000 000 €	8,250 %	19.04.2011	19.04.2018	--	--
Air Berlin PLC	Luftfahrt	200 000 000 €	8,500 %	10.11.2010	10.11.2015	--	--
Albert Reif GmbH & Co. KG	Maschinenbau	30 000 000 €	7,250 %	27.05.2011	27.05.2016	BBB-	Creditreform
Centrosolar Group AG	Erneuerbare Energien	50 000 000 €	7,000 %	15.02.2011	15.02.2016	BBB	Creditreform
Cloud No. 7 GmbH	Immobilien	35 000 000 €	6,000 %	03.07.2013	03.07.2017	BBB	Creditreform
Dürr AG	Maschinenbau	225 000 000	7,250 %	28.09.2010	28.09.2015	--	--
Ekosem Agrar GmbH	Rohstoffe	50 000 000 €	8,750 %	23.03.2012	23.03.2017	BB+	Creditreform
Ekosem Agrar GmbH	Rohstoffe	60 000 000 €	8,500 %	07.12.2012	07.12.2018	BB+	Creditreform
Ekotechnika GmbH	Sonstige	60 000 000 €	9,750 %	10.05.2013	10.05.2018	BB-	Creditreform
eterna Mode Holding GmbH	Konsum	35 000 000 €	8,000 %	09.10.2012	09.10.2017	BB-	Creditreform
German Pellets GmbH	Erneuerbare Energien	75 000 000 €	7,250 %	01.04.2011	01.04.2016	BBB	Creditreform
German Pellets GmbH	Erneuerbare Energien	50 000 000 €	7,250 %	09.07.2013	09.07.2018	BBB	Creditreform
getgoods.de AG	Konsum	30 000 000 €	7,750 %	02.10.2012	02.10.2017	BBB-	Creditreform
IPSAK mbH	Immobilien	30 000 000 €	6,750 %	06.12.2012	06.12.2019	A	Scope
Joh. Friedrich Behrens AG	Maschinenbau	30 000 000 €	8,000 %	15.03.2011	15.03.2016	BB-	Creditreform
KTG Agrar AG	Rohstoffe	50 000 000 €	6,750 %	15.09.2010	14.09.2015	BBB	Creditreform
MAG IAS GmbH	Maschinenbau	50 000 000 €	7,500 %	08.02.2011	08.02.2016	BB+	Creditreform
MITEC Automotive AG	Sonstige	50 000 000 €	7,750 %	30.03.2012	30.03.2017	BBB-	Creditreform

Emittent	Branche	Volumen (bis zu)	Coupon	Erstnotierung	Fälligkeit	Rating	Ratingagentur
More & More AG	Konsum	13 000 000 €	8,125 %	11.06.2013	11.06.2018	B+	Creditreform
Mox Telekom AG	Sonstige	35 000 000 €	7,250 %	02.11.2012	01.11.2017	BBB	Creditreform
Nabaltec AG	Rohstoffe	30 000 000 €	6,500 %	14.10.2010	14.10.2015	BBB-	Creditreform
Payom Solar AG	Erneuerbare Energien	50 000 000 €	7,500 %	05.04.2011	08.04.2016	BBB	Creditreform
Peine GmbH	Konsum	15 000 000 €	8,000 %	05.07.2013	05.07.2018	BB-	Creditreform
RENA GmbH	Erneuerbare Energien	75 000 000 €	7,000 %	15.12.2010	15.12.2015	BB+	Euler Hermes
Royalbeach Spielw.- & Sportart. GmbH	Sonstige	25 000 000 €	8,125 %	27.10.2011	27.10.2016	BB+	Creditreform
SiC Processing GmbH	Erneuerbare Energien	100 000 000 €	7,125 %	01.03.2011	01.03.2016	BBB+	Creditreform
Solarwatt AG	Erneuerbare Energien	25 000 000 €	7,000 %	28.10.2010	31.10.2015	BB+	Creditreform
Uniwheels Holding GmbH	Sonstige	50 000 000 €	7,500 %	19.04.2011	19.04.2016	BB+	Creditreform
Windreich AG	Erneuerbare Energien	50 000 000 €	6,500 %	03.03.2011	01.03.2015	BBB+	Creditreform
Windreich AG	Erneuerbare Energien	75 000 000 €	6,500 %	13.07.2011	15.07.2016	BBB+	Creditreform

Prime Standard Anleihen (Börse Frankfurt)

Emittent	Branche	Volumen (bis zu)	Coupon	Erstnotie-rung	Fälligkeit	Rating	Rating-agentur
Deutsche Börse AG	Sonstige	600 000 000 €	2,375 %	05.10.2012	05.10.2022	AA	S&P
Deutsche Börse AG	Sonstige	600 000 000 €	1,125 %	26.03.2013	26.03.2018	AA	S&P
DIC Asset AG	Immobilien	70 000 000 €	5,875 %	16.05.2011	16.05.2016	--	--
DIC Asset AG	Immobilien	75 000 000 €	5,750 %	09.07.2013	09.07.2018	--	--
MTU Aero Engines Holding AG	Maschi-nen- bau	250 000 000 €	3,000 %	21.06.2012	21.06.2017	--	--
PNE Wind AG	Erneuer-bare Energien	100 000 000 €	8,000 %	14.05.2013	01.06.2018	BBB-	Euler Hermes
Rickmers Holding GmbH & Cie. KG	Sonstige	175 000 000 €	8,875 %	11.06.2013	11.06.2018	BB	Credit-reform
RWE Finance B.V.	Sonstige	1.000 000 000 €	6,500 %	08.08.2013	10.08.2021	Baa1	Moody´s
SAF-HOL-LAND S.A.	Maschi-nen- bau	75 000 000 €	7,000 %	31.10.2012	26.04.2018	BBB-	Euler Hermes
TAG Immobilien AG	Immobilien	200 000 000 €	5,125 %	07.08.2013	07.08.2018	--	--

Mittelstandsbörse Deutschland (Börse Hamburg/ Hannover)

Emittent	Branche	Volumen (bis zu)	Coupon	Erstnotie-rung	Fälligkeit	Rating	Rating-agentur
Albis Leasing AG	Konsum	50 000 000 €	7,625 %	04.10.2011	04.10.2016	BB+	Credit-reform
BKN biostrom AG	Erneuer-bare Energien	25 000 000 €	7,500 %	06.06.2011	05.06.2016	BBB	Credit-reform

m:access (Börse München)

Emittent	Branche	Volumen (bis zu)	Coupon	Erstnotierung	Fälligkeit	Rating	Ratingagentur
BioEnergie Taufkirchen GmbH & Co. KG	Sonstige	15 000 000 €	6,500 %	30.07.2013	30.07.2020	BBB-	Scope
posterXXL AG	Konsum	15 000 000 €	7,250 %	27.07.2012	27.07.2017	BBB-	Creditreform

Quelle: Conpair AG

Fazit

Das Potenzial bei Kapitalmarktplatzierungen von Mittelstandsanleihen wurde bisher noch nicht voll ausgeschöpft. Zudem ist zu erwarten, dass die Mittelstandsanleihen aufgrund der zu erwartenden Entwicklung und Veränderung der Bankenverhaltensweise, bedingt durch die Basel-III-Richtlinien, noch an Bedeutung als alternative Finanzierungsquelle zunehmen werden. Die Verbesserung der Finanzstruktur sowie die Nicht-Belastung von Kreditlinien bei Banken durch die Begebung einer Mittelstandsanleihe zählen zu den wichtigsten Vorteilen für Unternehmen. Darüber hinaus sind keine bzw. nur geringe Besicherungserfordernisse notwendig. Ein weiterer Vorteil ist eine fest definierte und endfällige Tilgung. Schließlich erfolgt die Verbreitung der Investorenbasis und es wird durch die Emission einer Anleihe eine Publizitätswirkung erzielt.[180]

Langfristig kommt es vor allem auf Qualität der Anleihen und somit der emittierenden Unternehmen an. Die Sicherung der Zinszahlungen und der Anleihetilgung auch in einem schwierigen konjunkturellen Umfeld muss wahrscheinlich sein. Deshalb sind alle an der Emission von Mittelstandsanleihen Beteiligten aufgefordert, ein hohes Maß an Sensibilität zu wahren, damit diese für den deutschen Mittelstand neue und gleichzeitig wichtige Finanzierungsquelle nicht bereits in der Frühphase versiegt.[181]

Quellen

Balz, Ulrich, Bordemann, Heinz-Gerd, & Fangmeyer, Christian (2012): Mittelstandsanleihen –Wer kauft, warum und wie?, in: *die bank: Zeitschrift für Bankpolitik und Bankpraxis* 11/2012, in URL: http://www.die-bank.de/index.php?id = 13&tx_ttnews[tt_news] = 14403&cHash = 739b62631cc6deca7059516aba6e21b1, Abruf 12.10.2013.

Bock, Raimar, & Peeters, Rager: Entscheidungskriterien mittelständischer Unternehmen bei der Begebung einer Anleihe, in: Bösl, Konrad & Hasler, Peter Thilo (Hrsg.): *Mittelstandsanleihen: Ein Leitfaden für die Praxis*, Wiesbaden 2012.

Börse Stuttgart (Hrsg.): *Bondm: Anleihen mittelständischer Unternehmen an der Börse Stuttgart*, Stuttgart April 2012.

Boerse Stuttgart AG, Deloitte & Touche GmbH, Fachhochschule Münster (Hrsg.): *Mittelstandsanleihen – Eine echte Anlagealternative?! Eine Studie der FH Münster, der Börse Stuttgart und Deloitte*, Stuttgart, München, Münster 2012.

Börse Frankfurt (Hrsg.): *Über Anleihen*, in URL: http://www.boerse-frankfurt.de/de/anleihen, Abruf 19.10.2013.

Bösl, Konrad, & Hasler, Peter Thilo: Mittelstandsanleihen: Überblick und Weiterentwicklungspotenziale, in: Bösl, Konrad, & Hasler, Peter Thilo (Hrsg.): *Mittelstandsanleihen: Ein Leitfaden für die Praxis*, Wiesbaden 2012.

Bösl, Konrad, & Hasler, Peter Thilo (Hrsg.): *Mittelstandsanleihen: Ein Leitfaden für die Praxis*, Wiesbaden 2012.

Kontrec-Goedecke, Matija; *Erklärungsansätze für Performance-Persistenz bei Investmentfonds*, Köln 2010.

Proventis Corporate Finance und M&A Advisory Services (Hrsg.): *Mittelstandsanleihe*, in URL: http://www.mittelstandsanleihe.com/, Abruf 21.10.2013.

Structured Solutions AG (Hrsg.): *Leitfaden zum Bondm-Index*, Version 1.0 vom 1. September 2011, Frankfurt am Main 2011.

Teske, Birga: Unternehmensfinanzierung: Neue Chance für Mittelstandsanleihen, in: *die bank: Zeitschrift für Bankpolitik und Bankpraxis* 3/2012, in URL: http://www.die-bank.de/index.php?id=107&tx_ttnews[tt_news]=14547&cHash=77649d4714f8180c0bec8e9c343e299e, Abruf 12.10.2013.

von Livonius, Hilger: Rechtlicher Rahmen für die Gestaltung von Anleihebedingungen, in: Bösl, Konrad, & Hasler, Peter Thilo (Hrsg.): *Mittelstandsanleihen: Ein Leitfaden für die Praxis*, Wiesbaden 2012.

Werner, Thomas: *Ökologische Investments: Chancen und Risiken grüner Geldanlagen*, Wiesbaden 2008.

simplified

9 EU-Fördermittel und die Finanzierungsmöglichkeiten für mittelständische Unternehmen

Von Andreas Ruepp, LL. M. und Prof. Dr. Martin Užík

Einführung

Klein- und mittelständische Unternehmen rückten im vergangenen Jahrzehnt immer stärker in den Fokus der EU-Politik. Bei der Neuausrichtung der Lissabon-Strategie im Jahr 2005 war es dann sogar Hauptziel der EU, sowohl in der gemeinschaftlichen, als auch in den nationalen Politiken das Prinzip »Think Small First«[182] zu etablieren. Die EU weist den kleinen und mittelständischen Unternehmen eine Schlüsselrolle zu, wenn es um die Schaffung von Arbeitsplätzen und Wirtschaftswachstum geht. Folgt man der Kommission, hängen Wohlstand und damit die Zukunft der EU vom Wachstums- und Innovationspotenzial der KMU ab. Gesunde KMU sind deshalb Grundlage des Wohlergehens der Gemeinschaft.

Diese Erkenntnis führte bereits in der letzten Finanzierungsperiode der EU zu einer Verschiebung der Finanzmittel zugunsten der KMU: Beispielsweise wurde mehr als 1 Mrd. Euro für die Finanzierungsinstrumente innerhalb des Rahmenprogramms für Wettbewerbsfähigkeit und Innovation (CIP) für die KMU-Finanzierung zweckgebunden. Durch die Beteiligung privater Investoren konnten die Finanzinstitute damit 30 Mrd. Euro zur Verfügung stellen. 400 000 KMU profitierten davon. Gleiches galt übrigens auch für einen erheblichen Anteil der Strukturfondsmittel in der abgelaufenen Finanzierungsperiode.[183] Außerdem gab die Initiative JEREMIE[184], eine Kooperation der Europäischen Investitionsbank mit dem Europäischen Investitionsfonds, den Mitgliedstaaten die Möglichkeit, Gelder aus dem Strukturfonds für ihre KMU-Finanzierungen zu verwenden. Damit ist fast alles zu machen, was die KMU-Finanzierung begehrt: Eigenkapital, Kredite oder Garantien.

Unter klein- und mittelständischen Unternehmern ist zwar bekannt, dass EU-Fördermittel Finanzierungsmöglichkeiten darstellen können. Praktische Probleme treten aber sofort auf: sei es die Unübersichtlichkeit über die vielen Programmgruppen, deren rechtliche Voraussetzungen oder der Beantragungsprozess. Dieser Beitrag versucht an erster Stelle, eine Übersicht zu schaffen, über die geplanten Fördermöglichkeiten in der nächsten Finanzierungsperiode der EU (2014–2020). Grundsätzliche Unterschiede der Prozesse und Strukturen bei geförderten Krediten, Garantien oder Risikokapital werden dargestellt, soweit die Ausgestaltung des geplanten Programms es zum heutigen Zeitpunkt schon zulässt. Da hinsichtlich der Beantragungsstruktur keine großen Veränderungen zu erwarten sind, hilft auch oft der Vergleich mit dem ablaufenden CIP-Programm.

Förderprogramme, Vorgehensweise und Anwendungspraxis

COSME folgt CIP

Es sind immer noch 16 Prozent[185] der befragten KMU in Europa, deren größtes Bedenken ein ausreichender Finanzierungszugang ist. Die Kommission will daher ausdrücklich den 23 Mio. KMU in Europa den Finanzierungszugang erleichtern.[186] Maßgeblich für einen ersten Überblick über die EU-Fördermittel in der nächsten Finanzierungsperiode sind daher die Maßnahmen, die im Aktionsplan[187] zur Verbesserung des Finanzierungszugangs für KMU genannt sind. Dort schlägt die Kommission eine Reihe neuer Finanzinstrumente und die Vereinfachung sowie eine bessere Übereinstimmung zwischen den verschiedenen EU-Finanzierungsregelungen vor.[188] Allem voran steht das Programm für Wettbewerbsfähigkeit und für kleine und mittlere Unternehmen (COSME), das die EU-Kommission vorgeschlagen hat.[189] Die dazugehörige Verordnung 2011/0394 (COD) wartet (Oktober 2013) auf die erste Lesung im europäischen Parlament.[190] Wie es sich schon in den letzten Jahren abzeichnete, soll das COSME-Programm explizit auf die Anforderungen von klein- und mittelständischen Unternehmen zugeschnitten werden.[191]

Programm für die Wettbewerbsfähigkeit von Unternehmen und für KMU (COSME)

Das geplante COSME-Programm soll mit einem Gesamtbudget für die gesamte Programmlaufzeit von 2,5 Mrd. Euro ausgestattet werden. Hinsichtlich der EU-Fördermöglichkeiten muss an dieser Stelle erwähnt werden, dass COSME das Rahmenprogramm für Wettbewerbsfähigkeit und Innovation (CIP) aus der vergangenen Finanzierungsperiode fortsetzen soll.[192]

Die Ziele, die das Programm verfolgt, sind bewusst sehr allgemein formuliert. An erster Stelle für klein- und mittelständische Unternehmer steht sicherlich das Ziel, den Zugang zu Finanzmitteln für KMU zu erleichtern, was auch den größeren Finanzierungsschwierigkeiten der KMU in den südlichen Ländern der EU zuzuschreiben sein wird.[193] Weiter wird durch COSME die Schaffung eines günstigen Umfelds für Neugründungen und Expansionen von Unternehmen sowie die Unternehmerkultur in Europa gefördert. Insgesamt soll natürlich die Wettbewerbsfähigkeit der europäischen Unternehmen erhöht werden, nicht zuletzt was die Expansionen ins Ausland, auch außerhalb der EU, betrifft.[194]

COSME wird einfacher

Der Kommissionsvorschlag stellt auch klar, dass COSME nicht nur die Kontinuität zur den Vorgängerprogrammen sicherstellen will, sondern auch aus der Vergangenheit lernt. So ist es aus unternehmerischer Sicht zu begrüßen, dass COSME den Zugang zu Finanzmitteln für KMU erleichtern will.[195] Es werden einfache, aufeinander abgestimmte und standardisierte Verwaltungsverfahren angekündigt, um den Zugang zu finanzieller Förderung zu vereinfachen. Gerade kleine Unternehmen hatten in der Vergangenheit Schwierigkeiten, von den EU-Töpfen zu profitieren. Vereinfachte Vorschriften, geringe Teilnahme- bzw. Transaktionskosten sowie ein beschleunigtes Vergabeverfahren sollen dem entgegenwirken. Außerdem wird von einen System der Pauschalfinanzierung gesprochen. Das war eine der wichtigsten Forderungen aus der CIP-Evaluierung.

Die Vereinfachungen sollen übrigens nicht nur für die beantragenden Unternehmer zutreffen, sondern auch für die zwischengeschalteten Stellen, also zwischen Unternehmerhausbank, der Gruppe der Europäischen Investitionsbank und deren Kooperationsinstituten, sollen die Abläufe verschlankt werden.[196] Die EIB-Gruppe wird das Programm wieder im Namen der EU-Kommission verwalten.[197]

Eigenkapitalfazilität und Kreditbürgschaft

Entscheidend für die Wirksamkeit der EU-Förderung ist deren Ausgestaltung. Die Verordnung unterscheidet hierbei Formen der finanziellen Unterstützung und die dazugehörigen Finanzinstrumente.[198] Als Form wird sich wohl zur letzten Finanzierungsperiode nichts ändern. Es steht bereits fest, dass die Gruppe der Europäischen Investitionsbank das Programm verwalten wird. Das heißt für die Praxis, dass die Finanzmittel von der Europäischen Investitionsbank und vom Europäischen Investitionsfonds verwaltet werden und der Zugang über Kooperationsinstitute erfolgen wird.

Das Hauptziel des neuen Programms ist es, den Zugang für KMU zu Finanzmitteln zu erleichtern. Im Verordnungsentwurf ist dafür sowohl eine Eigenkapitalfazilitat als auch eine Kreditbürgschaftsfazilität vorgesehen. Zudem findet sich im vorliegenden Verordnungsentwurf der Hinweis, dass Finanzmittel aus der Eigenkapital- oder Kreditbürgschaftsfazilität aus COSME mit Mitteln aus den Strukturfonds kombiniert werden können sollen. Das erinnert an die bereits erwähnte Initiative JEREMIE.

Vorgehensweise und Anwendungspraxis

Abgesehen von allen Vereinfachungen und Erleichterungen die COSME mit sich bringen soll, stellt sich die ganz praktische Frage, wie der Unternehmer seine passende EU-Förderung findet. Man muss realistisch und ehrlich bleiben: Eigenkapital- und Kreditbürgschaftsfazilität wird sich auch in der anstehenden Förderungsperiode 2014–2020 als ein kaum überblickbares Förderungsfeld herausstellen. Von COSME abgesehen, werden sicherlich auch im geplanten Programm Horizont 2020[199], das auf Forschung und Innovation ausgerichtet ist, Fördermöglichkeiten für KMU versteckt sein. Wenn man über europäische KMU-Förderung spricht, darf man zudem nicht nur an die Programme der EU denken. So steht ein Fördertopf auch außerhalb der Programme und damit der Finanzierungsperiode zur Verfügung. So hat beispielsweise die EIB-Gruppe, also die Europäische Entwicklungsbank und der Europäische Investitionsfonds, im Jahr 2012 ihr Kapital erhöht.[200] Dort stehen in den Jahren 2013 bis 2015 rund 13 Mrd. Euro zusätzlich zur Mittelstandsfinanzierung zur Verfügung.

Sei es nun ein EU-Programm oder eine Fördermöglichkeit außerhalb eines Programms, die Inanspruchnahme einer Förderung ist immer reizvoll. Der erste Kontakt und Ansprechpartner wird hierfür aller Voraussicht nach aber die eigene Hausbank bleiben. Das ist auch gut so, ist doch ein verlässlicher und belastbarer Kontakt zur eigenen Hausbank die Grundlage für eine solide Unternehmensfinanzierung. Man wird aber auch in Zukunft von der eigenen Hausbank nicht erwarten können, einen ganzheitlichen Überblick über den europäischen Förderungsdschungel zu haben. Deshalb empfiehlt es sich, über das Enterprise Europe Network Kontakt zum lokalen Förderungsberater aufzunehmen. Allein in Deutschland gibt es dafür über 50 Anlaufstellen.[201] Diese Anlaufstellen sind extra dafür geschaffen worden, um über die Förderwürdigkeit des Unternehmens sowie über die rechtlichen Voraussetzungen der passenden EU-Förderung zu beraten.

EU-Förderung in der Anwendungspraxis

Typische Fälle der EU-Förderungspraxis sind beispielsweise ein a) geförderter Kredit, b) Risikokapital/Eigenkapital oder c) Garantien/ Bürgschaften. Diese Beispiele werden im Folgenden prozesshaft beschrieben. Dabei werden auch die Verfahrensunterschiede der bisherigen Förderungspraxis deutlich. Wie bereits erwähnt, ist es zu erwarten, dass man sich an diesem System auch für die Zukunft orientieren kann.

Geförderter Investitionskredit

Standardfälle eines geförderten Investitionskredits können Beschaffungsvorhaben (Kauf von Anlagen, RHB-Stoffe etc.), Investition in Forschung- und Entwicklungsvorhaben oder auch die Stärkung des Betriebskapitals sein, um Liquiditätskennzahlen zu verbessern. Voraussetzung ist meist, dass ein Finanzierungsziel identisch mit den Zielen der zugrunde liegenden Programme ist. Im KMU-Bereich dürfte das auch in Zukunft mit der Steigerung des Wachstums- und Beschäftigungspotenzials als erfüllt angesehen werden können.

Für einen geförderten Investitionskredit stellt beispielsweise die Europäische Investitionsbank zinsgünstige Darlehen zur Verfügung. Die Mittel hierzu stammen übrigens wiederum aus den zuvor beschriebenen Programmen, in Zukunft also beispielsweise aus COSME. Diese werden nicht direkt an das Unternehmen weitergegeben, sondern an ausgewählte Geschäftsbanken.[202] Als Unternehmer eines KMU heißt das aber nicht, dass nur diese Banken als Ansprechpartner für einen geförderten Investitionskredit infrage kommen. Im Regelfall verfügt die eigene Hausbank über Kontakte zu den ausgewählten Geschäftsbanken. Für die geförderten Kredite ist es charakteristisch, dass die Hausbank bzw. ein Partnerinstitut verpflichtet wird, mindestens genauso viele Kreditmittel an das KMU zu vergeben, wie es an Förderkredit erhält. Eine Investition von 1 Mio. Euro erfolgt also partnerschaftlich: hälftig von der Europäischen Investitionsbank zum geförderten Zinssatz, die andere Hälfte zu den Konditionen des Partnerinstituts. Diese Kooperation sollte man nicht als Hürde, sondern als Chance begreifen. Die Einbindung der Hausbank in die Finanzierung sichert nicht nur den

Ansprechpartner vor Ort, sondern bringt auch das dort angesammelte Know-how über das Unternehmen in das ganze Finanzierungskonzept mit ein. Laufzeit und Gestaltung der Darlehen können dabei flexibel festgelegt werden. Die Entscheidungshoheit liegt im Übrigens beim Kooperationspartner der Europäischen Investitionsbank, der dann auch das finanzielle Risiko des Kreditausfalls trägt. Damit wird auch noch einmal deutlich, dass das KMU keine zusätzliche Bankverbindung mit der Europäischen Investitionsbank aufnehmen muss.

Garantien oder Bürgschaften

Die Anbahnung einer Garantie oder einer Bürgschaft durch die EIB-Gruppe ist vergleichbar mit der Anbahnung eines geförderten Kredites. In den Richtlinien des Europäischen Investitionsfonds wird sogar davon gesprochen, dass die Partnerinstitute dieses Instrument aktiv bewerben und anbieten sollen.[203] Aber auch hier gilt das Prinzip: Wer bei seiner Bank nachfragt, der bekommt auch Antworten. Denn man muss sich schon bewusst sein, dass jedes Geschäft, das durch eine EU-Förderung profitiert, das Geschäftsvolumen bzw. den Ertrag der kooperierenden Bank schmälert.

Grundlage der Garantie ist wiederum ein Kredit, der dem KMU gewährt wird. Dieser Kredit wird dann über eine Garantie der EIB-Gruppe gegenüber dem kreditgewährenden Institut abgesichert. Es besteht also wieder eine Beziehung zwischen EIB-Gruppe und Kooperationsinstitut und eine Dreiecksbeziehung, wenn die eigene Hausbank kein Kooperationsinstitut ist. In diesem Fall ist die Konstellation ein wenig anders. Die Hausbank gibt den Kredit an das KMU, das Kooperationsinstitut garantiert und die EIB-Gruppe garantiert wiederum gegenüber dem Garantiegeber.[204]

Ob es nun eine Garantie bzw. Bürgschaft oder ein geförderter Kredit für das KMU sein soll, wird nach wirtschaftlichen Gesichtspunkten entschieden. Es ist durchaus denkbar, dass ein abgesicherter Kredit für das KMU günstiger sein kann als ein geförderter Kredit. Die Garantiehöhen von den im Jahr 2013 auslaufenden CIP-Programmen betrug max. 50 Prozent des Engagements. Garantiegebühren fielen keine an und die Laufzeit war auf zehn Jahre beschränkt.

Risikokapital oder Eigenkapital

Ist das KMU auf der Suche nach Risikokapital oder Eigenkapital, trifft es im Vergleich zu einem geförderten Kredit auf einen anderen Ansatz der EU. Hier findet kein direkter Markteingriff statt, vielmehr versucht die EU, durch gezielte Zusammenarbeit mit Beteiligungsfonds einen Markt für Risikokapital und Eigenkapital in Europa aufzubauen. Daher gibt es auch keine zwischengeschaltete Instanz, die man kontaktieren kann und so zu Eigenkapital gelangt. Das KMU muss direkt mit einem Beteiligungsfonds in Kontakt treten[205], der mit dem Europäischen Investitionsfond zusammenarbeitet. Die Entscheidung für oder gegen eine Beteiligung ist dem Beteiligungsfonds überlassen, der nach seinen eigenen Kriterien zu seinem Urteil kommt.[206]

Es ist offensichtlich, dass es in diesem Punkt der EU darum geht, einen Venture-Capital-Markt in Europa aufzubauen.[207] Die Klage, Risikokapital sei in Europa, insbesondere in Deutschland, schwer zu bekommen, ist allen Unternehmern geläufig. Langfristig ist dieser Ansatz der EU aus Sicht der KMU zu befürworten. Auf kurze Sicht hilft dem Unternehmer tatsächlich nur die Liste potenzieller Risikokapitalgeber, die mit dem Europäischen Investitionsfonds kooperieren.

Fazit

Die letzten Jahre haben einen klaren Trend nur bestätigt. Die EU hat die KMU als ursächlich für den Wohlstand in Europa erkannt. Auch im kommenden Finanzrahmen 2014–2020 finden die KMU starke Berücksichtigung hinsichtlich des Zugangs zum Kapital, was schon am stark gewachsenen Budget hierfür abzulesen ist. Besonders erfreulich: Die Verfahren, die eine Partizipation an den Fördertöpfen ermöglichen sollen, werden verschlankt, vereinfacht und damit beschleunigt. Eine einfache und übersichtliche Darstellung der einzelnen Fördermöglichkeiten und -rahmenbedingungen wird aber auch in Zukunft nicht möglich sein. Der Förderungsdschungel wird auch in Zukunft eine Vielzahl an speziellen EU-Förderungen widerspiegeln, was zugunsten der Vielfalt der Förderprogramme gewertet werden muss.

Der Weg zu den Fördertöpfen für die KMU wird hauptsächlich über die Hausbank oder die Kooperationsinstitute der EIB-Gruppe führen. Das hat neben der stetigen Betreuung auch den Vorteil, dass der Beantragungsprozess professionell begleitet wird und dass die Kreditentscheidung nah am KMU getroffen werden kann. Beim Thema Beteiligungs-, Eigen- oder Risikokapital verfolgt die EU den Ansatz des Aufbaus eines funktionierenden Marktes. Hier müssen die KMU Beteiligungsfonds direkt ansprechen. COSME betont im Verordnungsentwurf eine Eigenkapitalfazilität zur KMU-Förderung. Es wäre wünschenswert, wenn dies den Marktzugang für KMU zu Risikokapital deutlich verbessern würde.

Übersicht der bedeutenden Informationsquellen:

Europäische Investitionsbank	http://www.eib.org/
Kooperationsinstitute der Europäischen Investitionsbank	http://www.eib.org/attachments/lending/inter_de.pdf
Europäischer Investitionsfonds	http://www.eif.org/
Kooperationsfonds des Europäischen Investitionsfonds	http://europa.eu/youreurope/business/funding-grants/access-to-finance/
Offizielle Förderdatenbank	http://www.foerderdatenbank.de/
Informationsstellen zu EU-Förderungen für KMU (Enterprise Europe Network)	http://een.ec.europa.eu/about/branches/?Country=DE/

simplified

10 Steuerliche Aspekte der Unternehmensfinanzierung

Von Dirk Lehmann, M. I. Tax.

Die Einordnung von Eigenkapital und Fremdkapital im Steuerrecht

Im Rahmen der Unternehmensfinanzierung ist aus steuerlicher Sicht zunächst danach zu unterscheiden, ob von Eigenkapital oder Fremdkapital auszugehen ist. Dies hat sowohl Auswirkungen seitens der Kapitalgeber als auch seitens des zu finanzierenden Unternehmens. Eine steuerrechtlich verbindliche Definition, was unter Eigenkapital und Fremdkapital zu verstehen ist, gibt es nicht. Die Qualifikation richtet sich vielmehr nach den Umständen des jeweiligen Einzelfalls.

Von Fremdkapital ist typischerweise dann auszugehen, wenn der Kapitalgeber, auch Gläubiger genannt, dem zu finanzierenden Unternehmen für einen bestimmten Zeitraum, gegen Zahlung eines vereinbarten Zinssatzes, Geldmittel zur Verfügung stellt. Es handelt sich um die Überlassung von Kapital gegen Zahlung eines angemessenen Zinses, deren Höhe sich in der Regel am Marktzinsniveau und am Risiko des Verlustes des Kapitals orientiert. Die Zinszahlungen sind unabhängig von der wirtschaftlichen Situation des Unternehmens entsprechend den vertraglichen Vereinbarungen zu leisten. Die Rückzahlung des Kapitals erfolgt in der Regel an einem fest vereinbarten Termin. Gegebenenfalls werden Sicherheiten vereinbart, um das Ausfallrisiko für den Kapitalgeber zu reduzieren, was üblicherweise bei Finanzierung über Banken anzutreffen ist.

Von Eigenkapital ist dann auszugehen, wenn sich der Kapitalgeber an den Chancen und Risiken des Unternehmens beteiligt, ohne einen Anspruch auf eine laufende und vom Unternehmensergebnis unabhängige Zinszahlung zu erhalten. In der Regel erfolgt das Engagement des Eigenkapitalgebers unbefristet. Die Verzinsung des Eigenkapitals ist die Unternehmensrendite, die den Anteilseignern zusteht, unabhängig von einer Auszahlung oder Thesaurierung. Der Eigenkapitalgeber ist üblicherweise an den stillen Reserven des Unternehmens beteiligt und wird im Falle der Liquidation des Unternehmens nachrangig bedient, tritt somit im Rang der zu bedienenden Kapitalgeber zurück.

Marktgegebenheiten und Kreativität der Marktteilnehmer führen schließlich dazu, dass nicht immer eindeutig feststellbar ist, ob aus steuerlicher Sicht von Eigenkapital oder Fremdkapital auszugehen ist, die Grenzen sind häufig fließend.

Für die steuerliche Betrachtung ist auch von Bedeutung, ob die Vertragsparteien Unternehmen und Kapitalgeber im gleichen Land ansässig sind oder es sich um eine grenzüberschreitende Unternehmensfinanzierung handelt.

Je nach Ausgestaltung der Verträge zwischen zu finanzierendem Unternehmen und Kapitalgebern ergeben sich für die Beteiligten unterschiedliche steuerliche Auswirkungen, auf die im Folgenden kurz eingegangen wird.

Eigenkapital im Steuerrecht

Seitens des zu finanzierenden Unternehmens ergeben sich durch die Ausstattung des Unternehmens mit Eigenkapital keine steuerrechtlichen Besonderheiten. Zivil- und gesellschaftsrechtliche Vorschriften in Sachen Kapitalausstattung und Kapitalerhaltung eines Unternehmens haben keine unmittelbare Auswirkung auf die steuerrechtliche Behandlung von Eigenkapital. Das Eigenkapital nimmt vom Grundsatz her eine steuerneutrale Position ein. Dies gilt zunächst für die Ausstattung des Unternehmens mit Eigenkapital. Aus steuerlicher Sicht handelt es sich hierbei um einen steuerneutralen Vorgang. Lediglich bei Veränderung des Eigenkapitals der Höhe nach können sich steuerliche Konsequenzen, primär für den Anteilseigner, ergeben.

Zu unterscheiden ist danach, ob das zu finanzierende Unternehmen als Kapitalgesellschaft oder Personengesellschaft aufgestellt ist. Ein Einzelunternehmen kann nur vom Unternehmer selbst mit Eigenkapital ausgestattet werden, anderenfalls würde sich jemand an diesem Unternehmen beteiligen, sodass dadurch eine Personengesellschaft entsteht.

Die Ausstattung von neu gegründeten Kapitalgesellschaften (z. B. GmbH oder AG) mit dem gesetzlich normierten Mindestkapital oder dem laut Satzung der Gesellschaft festgelegten höheren Stamm- oder Grundkapital erfolgt steuerneutral. Seitens des zu finanzierenden Unternehmens entstehen dadurch keine steuerlichen Konsequenzen. Seitens des Kapitalgebers wird die Einzahlung des anteiligen Eigenkapitals aus steuerlicher Sicht als Anschaffungskosten auf seine Beteiligung behandelt. Diese Anschaffungskosten wirken sich steuerlich erst später aus, bei einer etwaigen Veräußerung seiner Beteiligung. Zu beachten ist, dass die Kapitalgesellschaft im Verhältnis zu ihren Anteilseignern intransparent behandelt wird. Dies bedeutet, dass für Zwecke der Einkommensbesteuerung von zwei separaten Steuersubjekten auszugehen ist. Das Einkommen der Gesellschaft wird unabhängig vom Einkommen des Gesellschafters besteuert.

Wird eine bereits gegründete Kapitalgesellschaft mit weiterem Eigenkapital ausgestattet, z. B. aufgrund einer beschlossenen Kapitalerhöhung oder Einzahlung in eine Kapitalrücklage, erfolgt dies analog zur Gründung der Gesellschaft steuerneutral. Im umgekehrten Fall einer Kapitalherabsetzung oder Rückführung der Kapitalrücklage erfolgt die anteilige Auszahlung aus der Kapitalherabsetzung an die Gesellschafter ebenfalls steuerneutral. Dies unterstellt jedoch, dass die Auszahlung aus eben dieser Kapitalherabsetzung oder aus den steuerneutralen Kapitalrücklagen erfolgt. Kann die Gesellschaft nicht nachweisen, dass die Auszahlung aus der Herabsetzung des Stammkapitals oder aus den steuerneutralen Kapitalrücklagen erfolgt, wird diese Auszahlung seitens des Finanzamtes als steuerpflichtige Gewinnausschüttung behandelt. Die auszahlende Gesellschaft hätte dann für den Bezieher der Ausschüttung Kapitalertragsteuer (derzeit 25 Prozent zzgl. Solidaritätszuschlag) einzubehalten und an das Finanzamt abzuführen. Erhält eine Kapitalgesellschaft die Auszahlung als Anteilseigner, kann dies vom Grundsatz her weitestgehend steuerneutral erfolgen, da Gewinnausschüttungen zwischen Kapitalgesellschaften zu 95 Prozent steuerfrei gestellt werden können. Erhält eine natürliche Person die Ausschüttung, wäre je nach Beteiligungshöhe die Auszahlung der Abgeltungsteuer zu unterwerfen oder aber im Rahmen des sogenannten Teileinkünfteverfahrens zu versteuern. Die seitens der auszahlenden Gesellschaft einbehaltene Kapitalertragsteuer kann vom Prinzip her angerechnet werden.

Seitens der Anteilseigner ist zu berücksichtigen, ob sich die Beteiligung im Privatvermögen oder aber in einem Betriebsvermögen befindet. Wertschwankungen der Beteiligung, die sich im Privatvermögen eines Anteilseigners befinden, sind zunächst steuerlich nicht wirksam. Erst bei Veräußerung der Beteiligung würden sich Wertveränderungen auswirken. Vom Veräußerungserlös würden die Anschaffungskosten auf die Beteiligung abgezogen werden, um sich dann im Falle eines Gewinns oder Verlustes steuerlich auszuwirken. Befindet sich die Beteiligung in einem Betriebsvermögen, könnten unter bestimmten Voraussetzungen Wertverluste mittels Teilwertabschreibungen steuerlich wirksam werden. Dies würde sich jedoch seitens einer Kapitalgesellschaft als Anteilseigner nicht zwingend auswirken, sofern die Steuerbefreiungsvorschrift des § 8b KStG greift.

Seitens der Gesellschafter ergeben sich durch Einzahlung ihrer Einlagen zunächst ebenfalls keine steuerlichen Auswirkungen. Für Zwecke der Einkommensbesteuerung wird die Personengesellschaft jedoch transparent behandelt. Dies bedeutet, dass das Einkommen der Personengesellschaft anteilig den Gesellschaftern zugerechnet wird. Dieser Anteil am laufenden Ergebnis der Personengesellschaft wird auf der Einkommensteuerebene der Gesellschafter mit deren individuellem Einkommensteuersatz versteuert, woraus die Transparenz resultiert. Für die Gesellschafter werden daher auch individuelle Kapitalkonten geführt. Die Einzahlung des Eigenkapitals erfolgt in der Regel auf einem Festkapitalkonto. Laufende Gewinne und Verluste werden auf einem zweiten separaten Kapitalkonto geführt. Teilweise werden weitere Kapitalkonten für individuelle Ein- und Auszahlungen verwendet. Die Summe dieser Kapitalkonten ergibt dann das Eigenkapital der Personengesellschaft. Mit Ausnahme des Festkapitalkontos werden die übrigen Kapitalkonten als variable Kapitalkonten geführt, über die verfügt werden kann, sofern nicht per Satzung der Gesellschaft oder per Gesellschafterbeschluss die Verfügungen beschränkt sind. Dies kann dazu führen, dass trotz Gewinnen der Gesellschaft keine Auszahlungen an die Gesellschafter erfolgen, was dann zu Problemen führt, wenn eine Einkommensteuerbelastung für den Anteilseigner entsteht, obwohl keine Auszahlungen aus der Gesellschaft erfolgen. Im Falle von Verlusten werden diese den Gesellschaftern anteilig zugerechnet, was ggf. zu steuerlichen Vorteilen auf der Einkommensteuerebene der Anteilseigner führen kann. Der Gesellschafter würde ggf. diese Verluste mit anderen positiven Einkünften im Rahmen seiner Einkommensteuererklärung verrechnen können, was zu einem Steuervorteil führt, der nicht der Personengesellschaft, sondern dem Anteilseigner zugutekommt. Zu beachten sind jedoch Verlustverrechnungsbeschränkungen des Einkommensteuergesetzes, insbesondere die der §§ 15a, 15b EStG.

Wertschwankungen bei Beteiligungen an Personengesellschaften wirken sich grundsätzlich erst bei Aufgabe der Beteiligung aus. Befindet sich die Beteiligung in einem Betriebsvermögen, könnte unter bestimmten Voraussetzungen eine Teilwertabschreibung auf die Beteiligung infrage kommen.

Fremdkapital im Steuerrecht

Die Überlassung von Fremdkapital wird steuerrechtlich unabhängig der Rechtsform des zu finanzierenden Unternehmens betrachtet. Die typische Finanzierung eines Unternehmens über Fremdkapital folgt dem Prinzip einer einfachen Darlehensvereinbarung, wonach der Kapitalgeber für die Überlassung seines Kapitals eine angemessene Verzinsung erhält.

Die Zinszahlungen stellen seitens des Darlehensnehmers (zu finanzierendes Unternehmen) Betriebsausgaben dar, die den Gewinn mindern. Die Gewinnminderung tritt bei bilanzierenden Unternehmen im Jahr der Entstehung der Zinsen ein (unabhängig der Zahlung der Zinsen), während bei Unternehmen, die den Gewinn durch einfache Einnahmen-Überschuss-Rechnung ermitteln, erst im Jahr der tatsächlichen Zahlung der Zinsen der Gewinn gemindert wird. Als Besonderheit ist bei gewerbesteuerpflichtigen Unternehmen zu beachten, dass sogenannte Dauerschuldzinsen (in der Regel bei langfristigen Darlehensvereinbarungen anzunehmen) nicht in voller Höhe den steuerpflichtigen Gewerbeertrag mindern.

Als weitere Besonderheit sind die Abzugsbeschränkungen der sogenannten Zinsschranke im Sinne von § 4h EStG zu beachten, wonach Zinsaufwendungen nicht unbeschränkt berücksichtigungsfähig sein sollen. Die engen Vorgaben dieser Regelung greifen jedoch nur dann, wenn die Summe der Zinsaufwendungen nach Abzug von etwaigen Zinserträgen einen Betrag von 3 Mio. Euro im Wirtschaftsjahr erreicht. Es handelt sich insoweit um eine Freigrenze, die in der Regel von klein- und mittelständischen Unternehmen nicht überschritten wird.

Ein weiteres Augenmerk ist seitens des zu finanzierenden Unternehmens auf die Angemessenheit der Höhe der vereinbarten und gezahlten Zinsen zu legen. Nicht jede Vereinbarung wird vom Finanzamt als angemessen anerkannt. Was als angemessen gilt, richtet sich nach den Umständen des Einzelfalls. Insbesondere sind Darlehensvereinbarungen zwischen Gesellschaftern und ihrer Gesellschaft dahingehend zu prüfen, ob sie der Höhe nach und hinsichtlich der Ausgestaltung der Verträge einem Drittvergleich standhalten. Im Verhältnis Kapitalgesellschaft zum Gesellschafter würden zu hohe Zinszahlungen ggf. zu einer verdeckten Gewinnausschüttung führen. Das Ergebnis der Kapitalgesellschaft wäre entsprechend zu erhöhen – mit der Folge höherer Steuerbelastungen –, während der Gesellschafter ggf. die verdeckte Gewinnausschüttung als Dividende zu versteuern hätte.

Im Verhältnis Personengesellschaft zum Gesellschafter würden zu hohe Zinszahlungen ggf. als Entnahme qualifiziert werden. Die Zinsaufwendungen seitens der Gesellschaft wären zu kürzen – mit der Folge eines höheren Gewinns und direkter Auswirkung auf die Gewerbesteuer sowie einer ggf. höheren Steuerbelastung seitens des Gesellschafters aufgrund des Transparenzprinzips.

Die Vereinbarung eines zinslosen Darlehens führt ebenfalls zu steuerlichen Konsequenzen für das zu finanzierende Unternehmen. Per gesetzlicher Regelung (Fiktion) wird nach § 6 Abs. 1 Nr. 3 EStG bei einem langfristigen Darlehensvertrag (Laufzeit größer ein Jahr) ohne Vereinbarung eines zu zahlenden Zinses davon ausgegangen, dass im Rückzahlungsbetrag des Darlehens von den Vertragsparteien ein Zins (mit 5,5 Prozent) einkalkuliert wurde. Im Ergebnis ist der Barwert des Darlehens zu ermitteln, indem der Rückzahlungsbetrag mittels Barwertmethode in einen Nominalbetrag für das Darlehen und in einen Zinsbetrag aufzuteilen ist. Dies führt dazu, dass im Jahr des Abschlusses des Darlehensvertrages der Zinsanteil als Ertrag zu erfassen ist, der den Gewinn des Unternehmens erhöht. Über die Laufzeit des Darlehens verteilt, werden dann nach dem Prinzip der periodengerechten Erfolgsermittlung die Zinsen als Aufwand erfasst und mindern somit den Gewinn der Folgejahre.

Für den Darlehensgeber können sich dann steuerliche Risiken ergeben, wenn das zinslose Darlehen im Rahmen seines Unternehmens gewährt wird. Hier bestehen analoge steuerliche Risiken wie oben zur Angemessenheit kurz erläutert. Wird ein zinsloses Darlehen von einer Privatperson gewährt, könnten sich schenkungsteuerliche Risiken ergeben, soweit von einer Bereicherung des Darlehensnehmers auszugehen ist.

Für den Fall eines aus steuerlicher Sicht nicht zu beanstandenden Darlehens hat der Darlehensgeber die vereinbarten Zinsen zu versteuern. Wird das Darlehen aus einem Betriebsvermögen heraus gewährt, stellen die Zinsen Betriebseinnahmen dar, die im Rahmen des Unternehmensgewinns versteuert werden. Wird das Darlehen aus dem Privatvermögen heraus gewährt, unterliegen die Zinsen im Rahmen der Einkünfte aus Kapitalvermögen der Abgeltungsteuer. Da seitens des Darlehensnehmers keine Kapitalertragsteuer einzubehalten ist, sind diese Zinsen in der Einkommensteuererklärung des Darlehensgebers im Jahr des Zuflusses der Zinsen zu deklarieren.

Grenzüberschreitende Finanzierung

Die obigen Ausführungen gelten vom Prinzip her auch bei grenzüberschreitender Unternehmensfinanzierung. Für die steuerrechtliche Würdigung ist ausschlaggebend, aus Sicht welcher der beteiligten Personen eine steuerliche Betrachtung erfolgt. Zusätzlich sind die steuerrechtlichen Vorschriften des anderen Landes zu beachten. Im Prinzip können die folgenden zwei Hauptfälle unterschieden werden.

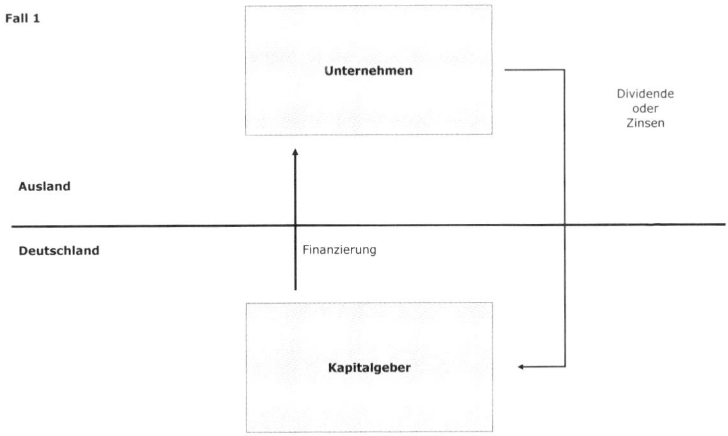

Abbildung 7

Im Fall 1 wird das im Ausland ansässige Unternehmen (Kapitalgesellschaft) von einem im Inland ansässigen Kapitalgeber finanziert. Je nach Qualifikation der Finanzierung als Eigenkapital oder Fremdkapital erhält der Kapitalgeber ggf. eine Dividende oder Zinsen für seine Kapitalüberlassung.

Aus deutscher Sicht ist der Kapitalgeber in Deutschland unbeschränkt steuerpflichtig, da er für Besteuerungszwecke als im Inland ansässig gilt. Als Folge sind Zahlungen in Form von Dividenden und Zinsen nach dem Welteinkommensprinzip in Deutschland steuerpflichtig. Zusätzlich könnte der Kapitalgeber mit den erhaltenen Zahlungen im ausländischen Staat einer beschränkten Steuerpflicht unterliegen, sodass an der Quelle der Zahlungen für den Kapitalgeber Quellensteuern einzubehalten sind. In diesem Fall entsteht eine doppelte Besteuerung für den Kapitalgeber. Diesem Doppelbesteuerungsproblem wird ggf. über bilaterale Abkommen, sogenannte Doppelbesteuerungsabkommen, versucht zu begegnen. Doppelbesteuerungsabkommen weisen in der Regel einem der beiden Vertragsstaaten ein Besteuerungsrecht zu. In sogenannten Methodenartikeln ist dann vereinbart, wie eine Doppelbesteuerung vermieden werden soll, entweder durch Freistellungs- oder Anrechnungsmethode. Die Aufgabe der Vermeidung einer Doppelbesteuerung kommt regelmäßig dem Ansässigkeitsstaat des Beziehers der Einkünfte zu (im Fall 1 Deutschland). Im vorliegenden Fall würde nach § 34c EStG eine Anrechnung der ausländischen Quellensteuer auf die deutsche Einkommen- oder Körperschaftsteuer möglich sein. Die Anrechnung ist jedoch an bestimmte Voraussetzungen geknüpft, sodass es ggf. zu keiner vollen Anrechnung kommt, was im Einzelfall zu prüfen ist. Vom Prinzip her sind nur die Steuern anrechenbar, die der deutschen Einkommen- oder Körperschaftsteuer vergleichbar sind, im Jahr der Anrechnung gezahlt wurden und im Ausland keinem Ermäßigungsanspruch mehr unterliegen. Ein Ermäßigungsanspruch ergibt sich häufig aus dem jeweiligen Doppelbesteuerungsabkommen, wonach die nach nationalem Recht erhobene Quellensteuer aufgrund der Regelungen im Doppelbesteuerungsabkommen reduziert werden können. Dieser Anspruch auf Reduzierung kann nur mittels Antrag bei den zuständigen Finanzbehörden des Quellenstaates geltend gemacht werden. Dementsprechend erfolgt nach deutschen Vorschriften nur eine Anrechnung des Quellensteuersatzes, der keinem Ermäßigungsanspruch mehr unterliegt.

Wird das zu finanzierende Unternehmen als Personengesellschaft geführt, ergeben sich für den Kapitalgeber andere steuerliche Konsequenzen. Aufgrund der transparenten Besteuerung der Personengesellschaft wird der Anteilseigner so gestellt, als würde er selbst eine Betriebsstätte im Ausland unterhalten. Dem Kapitalgeber werden die Einkünfte der ausländischen Personengesellschaft anteilig im Kalenderjahr der Entstehung zugerechnet – unabhängig davon, ob eine Auszahlung seines Gewinnanteils erfolgt oder nicht. Vom Grundsatz her wird der ausländische Staat die Einkünfte der Personengesellschaft nach dem Betriebsstättenstaat Prinzip besteuern, also auch die anteiligen Einkünfte des Kapitalgebers. Aufgrund des Welteinkommensprinzips können die anteiligen Einkünfte auch in Deutschland besteuert werden, es sei denn, ein Doppelbesteuerungsabkommen stellt diese Einkünfte von der deutschen Besteuerung frei (Fall der Freistellungsmethode). Für den Anwendungsfall der Freistellungsmethode ist zu beachten, dass diese ausländischen Einkünfte regelmäßig nach § 32b EStG in den Progressionsvorbehalt mit einzubeziehen sind, mit der Konsequenz, dass sich der inländische Einkommensteuersatz erhöhen kann.

Gewährt der Kapitalgeber zusätzlich zu seiner Beteiligung der ausländischen Personengesellschaft ein Darlehen, wäre dies nach deutschen Besteuerungsgrundsätzen als Sonderbetriebsvermögen zu behandeln. Die Besteuerung des Sonderbetriebsvermögens folgt den Besteuerungsgrundsätzen aus der Beteiligung an der Personengesellschaft. Zinszahlungen wären dann ebenfalls dem Sonderbetriebsvermögen zuzurechnen, mit der Konsequenz, dass die Zinsen analog den Beteiligungseinkünften nicht in Deutschland, sondern nach dem Betriebsstättenstaat-Prinzip im Ausland zu besteuern sind. Da die Erfassung von Leistungsbeziehungen zwischen der Personengesellschaft und dem Gesellschafter über das Sonderbetriebsvermögen eher eine Spezialität im deutschsprachigen Raum ist, werden aus Sicht des Auslandes Zinszahlungen an den Kapitalgeber nach den allgemeinen Besteuerungsregeln erfasst. Dies bedeutet, dass der ausländische Staat das Besteuerungsrecht von Zinszahlungen an den Wohnsitzstaat, hier Deutschland, verweist. Im Ergebnis kann es dadurch zu einer Nichtbesteuerung der Zinsen kommen. Deutschland begegnet diesen Fällen der sogenannten »weißen Einkünfte« über § 52d Abs. 10 EStG, wonach in den Fällen der Nichtbesteuerung ein Besteuerungsrecht für Deutschland begründet wird.

Für den Fall, dass der Kapitalgeber nicht an der Personengesellschaft beteiligt ist und dem Unternehmen Fremdkapital zur Verfügung stellt, werden die Zinszahlungen analog zur Besteuerungssituation des Unternehmens in der Rechtsform der Kapitalgesellschaft behandelt (siehe oben).

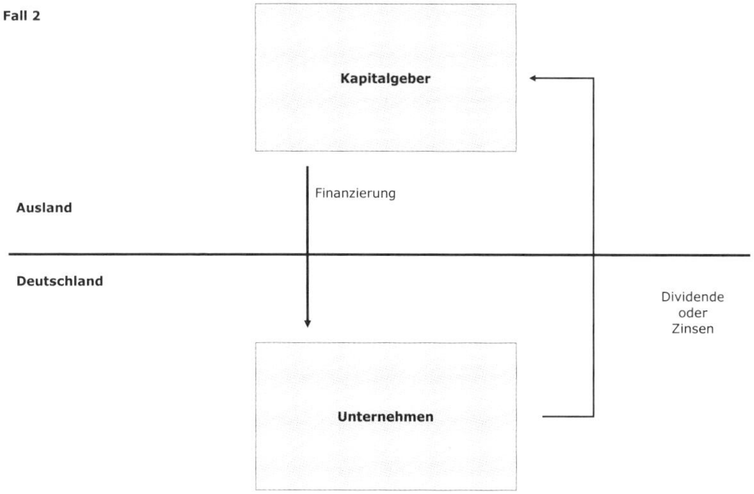

Abbildung 8

Im Fall 2 wird das im Inland ansässige Unternehmen (Kapitalgesellschaft) von einem im Ausland ansässigen Kapitalgeber finanziert. Je nach Qualifikation der Finanzierung als Eigenkapital oder Fremdkapital erhält der Kapitalgeber ggf. eine Dividende oder Zinsen für seine Kapitalüberlassung.

Wie oben ausgeführt ergeben sich seitens des zu finanzierenden Unternehmens die steuerlichen Konsequenzen danach, ob die Finanzierung als Eigenkapital oder Fremdkapital qualifiziert wird.

Für den Kapitalgeber ergibt sich mangels Ansässigkeit allenfalls eine beschränkte Steuerpflicht in Deutschland, deren Umfang in § 49 EStG geregelt ist. Dazu zählen Dividenden, da das Dividende zahlende Unternehmen in Deutschland ansässig ist. Vom Unternehmen ist bei Auszahlung der Dividende Kapitalertragsteuer in Höhe von 25 Prozent (zzgl. Solidaritätszuschlag) einzubehalten und an das Finanzamt abzuführen. Sofern der Kapitalgeber in einem Land ansässig ist, mit dem Deutschland ein Doppelbesteuerungsabkommen abgeschlossen hat, könnte ggf. die Kapitalertragsteuer reduziert werden. Handelt es sich beim Kapitalgeber um eine Kapitalgesellschaft mit Ansässigkeit in einem Staat der Europäischen Union, könnte eine Reduzierung der Kapitalertragsteuer nach der Mutter-Tochter-Richtlinie auf 0 Prozent erfolgen. In jedem Fall muss der Kapitalgeber jedoch seinen Ermäßigungsanspruch gegenüber dem Bundeszentralamt für Steuern (BZSt-Portal unter www.bzst.de) geltend machen. Der Antrag unterliegt den engen Restriktionen des § 50d EStG.

Werden an den Kapitalgeber Zinsen für seine Kapitalüberlassung gezahlt, führen diese nur in Ausnahmefällen zu einer beschränkten Steuerpflicht. Dies wäre dann der Fall, wenn das Darlehen durch z. B. inländischen Grundbesitz besichert wäre. In einem solchen Fall wäre anlog zur Dividendenzahlung Kapitalertragsteuer einzubehalten.

Kann die in Deutschland einbehaltene Kapitalertragsteuer nicht auf null reduziert werden, müsste im Ansässigkeitsstaat des Kapitalgebers geprüft werden, inwieweit eine Doppelbesteuerung durch Anrechnung der deutschen Quellensteuer auf die Steuer im Ansässigkeitsstaat möglich ist.

Wird das Unternehmen in der Rechtsform der Personengesellschaft geführt, was in Deutschland nicht selten der Fall ist[208], sind wieder die speziellen Regelungen der transparenten Besteuerung zu beachten. Bei einer Beteiligung am Unternehmen wird der Kapitalgeber mit seinen Beteiligungseinkünften in Deutschland beschränkt steuerpflichtig. Stellt der Kapitalgeber dem Unternehmen zusätzlich zu seiner Beteiligung ein Darlehen zur Verfügung, werden etwaige Zinszahlungen über das Sonderbetriebsvermögen den Beteiligungseinkünften zugerechnet. Die Zinsen fließen somit in die beschränkte Steuerpflicht mit ein, als Bestandteil der Beteiligungseinkünfte. Hinsichtlich der Zinsen könnte sich dann ein Problem der Doppelbesteuerung ergeben, wenn der Ansässigkeitsstaat des Kapitalgebers die Zinsen nicht als Bestandteil der Beteiligungseinkünfte ansieht, sondern als separaten Besteuerungstatbestand. Werden die Zinsen nach dem Wohnsitzstaatprinzip im Ansässigkeitsstaat des Kapitalgebers besteuert, ergibt sich eine Doppelbesteuerung, da Deutschland die Zinsen als Bestandteil der Beteiligungseinkünfte ebenfalls besteuert. Sofern ein Doppelbesteuerungsabkommen zur Anwendung kommt, wäre am individuellen Fall zu prüfen, wie diese Doppelbesteuerung vermieden werden kann. Sollte kein Doppelbesteuerungsankommen zur Anwendung kommen, dann wäre nach dem Recht des Ansässigkeitsstaates zu klären, inwieweit eine Doppelbesteuerung vermieden werden kann.

Sofern der Kapitalgeber nicht an der Personengesellschaft beteiligt ist, dieser aber ein Darlehen gegen Zinszahlung gewährt, würde sich nur in Ausnahmefällen eine beschränkte Steuerpflicht in Deutschland ergeben (siehe oben).

Alternative Finanzierungsformen und ihre steuerliche Behandlung

In diesem Buch werden alternative Finanzierungsformen der Mittelstandsanleihen, des Crowdfunding bzw. Crowdinvesting, der EU-Fördermittel und der sogenannte SPACs angesprochen, die nachfolgend kurz aus steuerlicher Sicht betrachtet werden sollen. Wie bereits oben aufgeführt, gilt es für jede Finanzierungsform zunächst zu klären, ob diese als Eigenkapital oder Fremdkapital einzuordnen ist, um dann eine steuerliche Einordnung der Zahlungen zwischen Kapitalgeber und zu finanzierendem Unternehmen vornehmen zu können.

Mittelstandsanleihen

Wie der Name schon vermuten lässt, handelt es sich um eine klassische Finanzierung mittels einer Anleihe, die auch als Corporate Bond oder Unternehmensanleihe bezeichnet wird (siehe auch Ausführungen in diesem Buch). Dabei wird die Forderung des Kapitalgebers auf Rückzahlung und auf Zahlung von Zinsen (Kupon) in einer Urkunde (Anleihe) verbrieft, die in der Regel keine Stimm- oder Teilhaberrechte beinhaltet. Es handelt sich aus steuerlicher Sicht um eine Kapitalüberlassung gegen Zahlung einer Vergütung in Form von Zinsen, sodass von Fremdkapital auszugehen ist.

Seitens des zu finanzierenden Unternehmens bzw. Schuldners werden Zahlungen für die Kapitalüberlassung vom Grundsatz her als

Betriebsausgabe erfasst. In aller Regel wird das zu finanzierende Unternehmen bilanzierungspflichtig sein, sodass die Zinsen unabhängig der tatsächlichen Zahlungen periodengerecht als Betriebsausgabe zu erfassen sind.

Seitens des Kapitalgebers bzw. Gläubigers hängt die Besteuerungsfolge davon ab, ob es sich um ein Unternehmen oder um eine Privatperson handelt.

Sofern der Kapitalgeber als Unternehmer agiert, wäre die Anleihe ggf. als Betriebsvermögen zu aktivieren. Die Zinsen würden als Betriebseinnahme das Ergebnis erhöhen. Finanzierungskosten oder andere mit der Anleihe zusammenhängende Betriebsausgaben sind abzugsfähig. Bei Kapitalgesellschaften würden die Zinserträge grundsätzlich der Körperschaftsteuer mit 15 Prozent zzgl. Solidaritätszuschlag und Gewerbesteuer mit rund 15 Prozent (Steuersatz in Abhängigkeit der Gemeinde, die die Gewerbesteuer erhebt) unterliegen. Handelt es sich jedoch um eine Personengesellschaft, unterliegen die Zinserträge zunächst der Gewerbesteuer. Aufgrund der transparenten Besteuerung der Personengesellschaft würden die Zinserträge als Bestandteil des Jahresergebnisses dem individuellen Einkommensteuersatz (bis zu 45 Prozent zzgl. Solidaritätszuschlag und ggf. Kirchensteuer) der Gesellschafter unterliegen.

Sofern der Kapitalgeber als Privatperson handelt, wären die Zinseinnahmen als Einkünfte aus Kapitalvermögen der Abgeltungsteuer zu unterwerfen, und zwar im Jahr der tatsächlichen Zahlung, nach dem sogenannten Zuflussprinzip. Je nach Ausgestaltung der Anleihebedingungen kann dies zu unterschiedlichen steuerlichen Ergebnissen führen, beispielsweise im Fall einer Nullkuponanleihe (vgl. weitere Varianten in diesem Buch unter Mittelstandsanleihen). Die Zinsen werden dann erst am Ende der Laufzeit in einer Summe gezahlt. Aufgrund des Zuflussprinzips kann dies zu steuerlichen Vorteilen, aber auch Nachteilen führen, je nach Situation des Einzelfalls. Sollte keine Kapitalertragsteuer an der Quelle für den Kapitalgeber einbehalten werden, muss er die Zinseinnahmen in seiner persönlichen Einkommensteuererklärung deklarieren, sodass es dann zu einer nachträglichen Belastung mit Abgeltungsteuer in Höhe von derzeit 25 Prozent zzgl. Solidaritätszuschlag und ggf. Kirchensteuer kommt.

Da es sich bei Anleihen um verbriefte Schuldverschreibungen handelt, können diese vom Grundsatz her auch gehandelt werden. Gewinne aus der Veräußerung sind analog den Zinserträgen steuerpflichtig. Verluste aus der Veräußerung können ebenfalls steuerlich geltend gemacht werden. Wird der Verlust von einer Privatperson realisiert, kann der Verlust jedoch nur mit anderen positiven Einkünften aus Kapitalvermögen verrechnet werden. Erhält der Gläubiger am Ende der Laufzeit sein Kapital nicht oder nur zu einem geringeren Teil zurück (z. B. aufgrund Zahlungsunfähigkeit des Schuldners), ergibt sich ebenfalls ein Verlust. Dieser Verlust kann beim Gläubiger, der die Anleihe im Betriebsvermögen hält, steuermindernd geltend gemacht werden. Handelt der Gläubiger als Privatperson, wäre der Verlust nur im Rahmen der Einkünfte aus Kapitalvermögen berücksichtigungsfähig. Dies kann jedoch daran scheitern, dass es an einem Veräußerungsvorgang mangelt. Die steuerliche Berücksichtigung eines Verlustes setzt im Bereich des Privatvermögens voraus, dass ein privates Veräußerungsgeschäft vorliegt. Ein Veräußerungsgeschäft setzt wiederum voraus, dass überhaupt ein Veräußerungsvorgang gegeben ist. Der Verlust einer Anleihe mangels Rückzahlung führt gerade nicht zu einem Veräußerungsvorgang.

Crowdfunding bzw. Crowdinvesting

Da der Kapitalgeber beim Crowdfunding bzw. Crowdinvesting unterschiedliche Positionen einnehmen kann (vgl. im Detail die Ausführungen in Kapitel 6), ist zunächst zu klären, ob lediglich ein klassischer Leistungsaustausch Geld gegen Ware vorliegt, von einem Sponsoring auszugehen ist oder aber ein Beteiligungsverhältnis eingegangen wird.

Gegenleistung in Form von Produkten oder Dienstleistungen

Erhält der Kapitalgeber ausschließlich ein Produkt oder eine Dienstleistungen (auch sogenannte »Dankeschöns«) des zu finanzierenden Unternehmens ohne Rückzahlung seines Kapitaleinsatzes, ist von einem Leistungsaustausch Geld gegen Ware auszugehen. Es handelt sich lediglich um den Erwerb eines Produkts oder einer Dienstleistung, der beim Unternehmen zu einem steuerpflichtigen Erlös führt. Seitens des Erwerbers (Kapitalgebers) ist zu klären, wofür er dieses Produkt bzw. die Dienstleistung erwirbt (für private Zwecke oder für sein eigenes Unternehmen), um daraus die steuerlichen Konsequenzen zu ziehen. Eine Beteiligung am Eigenkapital bzw. eine Fremdkapitalfinanzierung liegt nicht vor.

Sponsoring

Von Sponsoring ist üblicherweise auszugehen, wenn dem zu finanzierenden Unternehmen Geldleistungen oder geldwerte Vorteile verschafft werden, die mit einer Gegenleistung verbunden sein können. Eine Beteiligung am Eigenkapital bzw. eine Fremdkapitalfinanzierung liegt nicht vor. Seitens des zu finanzierenden Unternehmens werden die Zahlungen in aller Regel als steuerpflichtige Einnahmen zu erfassen sein. Es sei denn, das Unternehmen verfolgt steuerbegünstigte Zwecke und ist als gemeinnützig anerkannt. Nur in diesem Falle wären die Einzahlungen steuerneutral.

Agiert der Kapitalgeber im Rahmen seines eigenen Unternehmens, ist das Sponsoring in der Regel mit einer Gegenleistung für Zwecke der Werbung oder Öffentlichkeitsarbeit verbunden, sodass von einer Abzugsfähigkeit als Betriebsausgabe ausgegangen werden kann, sofern der Kapitalgeber für sein Unternehmen tatsächlich einen wirtschaftlichen Vorteil erlangt.[209]

Werden die Zahlungen von einer Privatperson geleistet, handelt es sich in der Regel um privat veranlasste Zahlungen, die steuerlich nicht geltend gemacht werden können. Nur im Fall der Zahlung zur Förderung gemeinnützig anerkannter Zwecke wäre bei Erfüllung der Voraussetzung von einer Spende auszugehen, die wiederum steuerlich geltend gemacht werden könnte.

Beteiligungen und Fremdkapitalfinanzierung

Das Crowdinvesting als Möglichkeit der Beteiligung am zu finanzierenden Unternehmen kann sehr unterschiedlich erfolgen. Aus steuerlicher Sicht ist wieder zu klären, ob tatsächlich eine Beteiligung am Eigenkapital vorliegt oder es sich um eine Fremdfinanzierung handelt.

Die Beteiligung am Eigenkapital führt schließlich zu oben ausgeführten steuerlichen Konsequenzen im Bereich laufender Gewinnausschüttungen und etwaiger Gewinne oder Verluste aus der Aufgabe der Beteiligung. Beteiligungsformen können dabei als Direktinvestment durch Erwerb und ggf. Handel von Anteilen erfolgen (vgl. beispielhaft www.bergfuerst.com). Beteiligungen über Treuhänder sind ebenfalls möglich. Im Rahmen von Treuhandverhältnissen ist zu beachten, dass dem Treugeber (entspricht dem Kapitalgeber) die gleichen steuerlichen Pflichten und Konsequenzen treffen, analog einer direkten Beteiligung ohne Treuhandvertrag.

Teilweise sind auch stille Beteiligungen anzutreffen (vgl. www.berlincrowd.com; www.die-beteiligungsplattform.de), wobei eine Unterscheidung in typisch und atypisch stille Beteiligungen vorzunehmen ist. Der stille Gesellschafter beteiligt sich am Handelsgewerbe des zu finanzierenden Unternehmens und wird Mitunternehmer. Die Beteiligung erfolgt auch am Verlust des Unternehmens. Je nachdem, welche Mitunternehmerrisiken er trägt und welche Mitunternehmerinitiative er entfalten kann, handelt es sich um eine typisch oder atypisch stille Beteiligung.

Von einer atypisch stillen Beteiligung ist auszugehen, wenn der Kapitalgeber auch an den stillen Reserven der Gesellschaft beteiligt ist. Der Kapitalgeber erhält in der Regel eine prozentuale Beteiligung, die als Beteiligungserträge zu behandeln sind. Die steuerlichen Konsequenzen entsprechen obiger Ausführungen unter Eigenkapital bei Beteiligung an einer Personengesellschaft.

Von einer typisch stillen Beteiligung ist dann auszugehen, wenn keine Beteiligung an den stillen Reserven des zu finanzierenden

Unternehmens erfolgt. Geht der Kapitalgeber eine typisch stille Beteiligung ein, handelt es sich um klassisches Fremdkapital mit den entsprechenden steuerlichen Rechtsfolgen. Der Kapitalgeber erhält ebenfalls eine prozentuale Beteiligung, die jedoch als Einkünfte aus Kapitalvermögen zu qualifizieren sind. Wird die typisch stille Beteiligung im Rahmen eines Unternehmens eingegangen, werden die Zinserträge im Rahmen des Unternehmensergebnisses besteuert.

Als weitere Variante sind Vereinbarungen über Partiarische Darlehen anzutreffen (vgl. www.seedmatch.de). Es handelt sich hierbei um klassisches Fremdkapital mit den entsprechenden steuerlichen Konsequenzen. Entgegen der stillen Gesellschaft hat der Kapitalgeber keine Beteiligung am Handelsgewerbe, sondern erhält für seine Kapitalüberlassung eine Vergütung, die sich am Gewinn, am Umsatz oder anderen Größen orientieren kann. Es handelt sich insoweit um eine variable Vergütung. Teilweise sind Nachrangvereinbarungen anzutreffen. Dies bedeutet, dass eine Beteiligung, aber auch Kapitalrückzahlung nachrangig hinter anderen Kapitalgebern erfolgt.

Steuerliche Einordnung der SPACs

Wie in diesem Buch ausgeführt handelt es sich bei den Special Purpose Aquisiton Companies (SPACs) um börsennotierte Beteiligungsgesellschaften, die Eigenkapital am Kapitalmarkt einsammeln, um dann in Zielgesellschaften zu investieren.

Kapitalgeber ist in diesem Fall der Aktionär, der mittels Verbund-Papieren die Anteile der SPAC erwirbt, dies sowohl im ersten Schritt des Erwerbs der Aktien (Shares) als auch im zweiten Schritt der Einlösung der Optionen (Warrants) zum Erwerb weiterer Aktien (Details zu diesem Schritt und zur Funktionsweise der SPAC vgl. Kapitel 7). Da sich der Kapitalgeber in die Position des Anteilseigners einer Kapitalgesellschaft begibt, erzielt er ggf. laufend Dividenden und/oder Veräußerungsgewinne bzw. Veräußerungsverluste bei Aufgabe seiner Beteiligung.

Für das finanzierende Unternehmen, hier die Zielgesellschaft der SPAC, ergeben sich bei Anteilsübernahme durch die SPAC zunächst keine direkten steuerlichen Konsequenzen. Erst im Falle der Verschmelzung (siehe zur Funktionsweise der SPAC in Kapitel 7) ergeben sich umfangreiche umwandlungssteuerrechtliche Auswirkungen. Diese werden hier nicht erläutert, da dies den Rahmen des Buches sprengen würde.

Die wesentlichen steuerlichen Auswirkungen für den Kapitalgeber und das zu finanzierende Unternehmen, mit Ausnahmen der Verschmelzung, sind am Anfang dieses Kapitels unter *Eigenkapital im Steuerrecht* erläutert.

simplified

11 Wertpapierprospekte

Von Christopher A. Runge

Professionelle Wertpapierprospekte als Türöffner zu (inter)nationalen Kapitalmärkten

Unternehmen, die im europäischen Wirtschaftsraum Wertpapiere öffentlich zum Kauf anbieten oder nach einem Initial Public Offering (IPO) an Börsenplätzen handeln wollen, müssen hierzu einen Wertpapierprospekt erstellen und veröffentlichen. Ein solcher Wertpapierprospekt ist dabei in strategischer Hinsicht mehr als eine bloße Erfüllung der gesetzlichen Vorschriften, die im Folgenden ebenfalls kompakt erläutert werden. Es geht vor allem auch um die Vertrauens- bzw. Imagebildung, indem alle wichtigen Informationen über die Wertpapiere und den sogenannten Emittenten zielgruppenorientiert kommuniziert werden. Damit kommt ein Prospekt seiner ursprünglichen Wortbedeutung nach. Eine wichtige Grundvoraussetzung im Vorfeld der Veröffentlichung stellt die Billigung durch eine öffentliche Behörde dar. In Deutschland ist die Bundesanstalt für Finanzdienstleistungsaufsicht (BaFin) hierfür der zuständige Ansprechpartner. Damit ein Wertpapierprospekt im Sinne einer erfolgreichen Unternehmensfinanzierung zu einem nachhaltigen Erfolg werden kann, gilt es, zentrale Aspekte wie den Inhalt, das formale Bewilligungsverfahren sowie die rechtlichen Grundlagen zu beachten. In diesem Sinne lesen Sie auf den folgenden Seiten mehr über die konkrete Möglichkeit der Gestaltung von Wertpapierprospekten. Gegen Ende des Kapitels soll vor allem auf die Chancen und Erleichterungen für den Mittelstand eingegangen werden.

Ziele, Hintergründe und Abgrenzungen zur Wertpapierprospektveröffentlichung

Ein solcher Prospekt soll den potenziellen Anleger ganz grundsätzlich in die Lage versetzen, sich ein konkretes Bild über die Unternehmung und somit auch über die anstehende Investitionsentscheidung zu machen, denn nichts anderes ist ja die Option für einen Ankauf von Wertpapieren. Der Prospekt muss alle wesentlichen Informationen zum Emittenten enthalten. Konkrete Anlässe können etwa eine angestrebte Kapitalerhöhung oder die Begebung von Schuldverschreibungen sein. Neben der Informations- und Werbefunktion handelt es sich bei Wertpapierprospekten auch um Haftungsdokumente. So kann es im rechtlichen Streitfall dazu kommen, dass aufgrund von fehlenden oder unvollständigen Angaben Schadenersatzforderungen berechtigt erscheinen. Solche Ansprüche können vor Zivilgerichten geltend gemacht werden. Nicht zuletzt aus diesem Grund ist zu empfehlen, die Herausgabe eines Wertpapierprospekts von Beginn an professionell und ganzheitlich zu planen. Die rechtlichen Rahmenbedingungen definiert hierzulande das Wertpapierprospektgesetz (WpPG), das seinerseits die europäische Prospektrichtlinie 2003/71/EG als nationales Recht widerspiegelt. Mit Blick auf aktuelle Entwicklungen und Vorgaben empfiehlt sich ein Besuch der Homepage der Bundesanstalt für Finanzdienstleistungsaufsicht unter www.bafin.de. Im Sinne des Wertpapierprospektgesetzes sind Wertpapiere Anlageninstrumente, die aufgrund ihrer Kapitalmarktfähigkeit gehandelt werden können und aufgrund der Fungibilität untereinander austauschbar sind. Geldmarktinstrumente mit einer kürzeren Laufzeit als zwölf Monate gelten explizit nicht als Wertpapiere. Typische Wertpapiere sind Aktien, Schuldverschreibungen, Optionsscheine, Inhaberpfandbriefe und ferner Depository Receipts. Auch Aktien ausländischer Unternehmen sind in den meisten Fällen als Wertpapier einzuordnen. Je nach spezifischer Ausgestaltung können auch Genussscheine als Wertpapier angesehen werden, wohingegen Genussrechte als Vermögensanlage zu qualifizieren sind. Für solche Vermögensanlagen muss ein etwaiger Prospekt nach dem Verkaufsprospektgesetz (VerkProsG) verfasst werden. Es versteht sich fast von selbst, dass ein Prospekt nach der Fertigstellung beworben werden muss. Dies kann im Internet auf der Homepage des Unternehmens oder mit einer Pressemeldung in Online- oder Printmedien geschehen, da so eine große Zielgruppe kosteneffizient erreicht werden kann. Ausnahmen mit Blick auf die Prospekterstellungspflicht gibt es nur für Angebote an qualifizierte Anleger und in solchen Fällen, die sich an weniger als 100 nicht qualifizierte Anleger richten. Gemäß § 3 des Wertpapierprospektgesetzes sind auch Angebote grundsätzlich prospektfrei, bei denen Anleger nur Wertpapiere ab einem Mindestbetrag in Höhe von 50 000 Euro pro Anleger erwerben können. Ferner sind sogenannte Mitarbeiterbeteiligungsprogramme in aller Regel nicht prospektpflichtig. Die Unterlassung einer Wertpapierprospektveröffentlichung trotz Pflicht führt dazu, dass die BaFin das öffentliche Angebot untersagt und ferner ein Bußgeld für die begangene Ordnungswidrigkeit verhängt.

Vertrauen schaffen durch zielgerichtete Informationen

Vereinfachend lässt sich mit Blick auf die praktische Ausgestaltung sagen, dass ein Wertpapierprospekt alle Angaben enthalten muss, die für die zu treffende Investitionsentscheidung von Bedeutung sind. Dabei müssen konkrete und spezifische Informationen vorfindbar sein, keine allgemeingültigen Aussagen, geschweige denn nichtssagende Floskeln. Ein Prospekt muss in formal-inhaltlicher Hinsicht Informationen zum Emittenten und zum Wertpapier selbst enthalten, wobei sich die emittentenbezogenen Angaben im Registrierungsformular finden lassen. Die Angaben zum Wertpapier finden sich in der Wertpapierbeschreibung. Zu berücksichtigen ist, dass unabhängig von den spezifischen Gegebenheiten gesetzliche Mindestanforderungen zu erfüllen sind. In Bezug auf den Emittenten sind dies die folgenden Angaben:

> Angaben zur Unternehmung: Rechtsform, Gründung, Kerngeschäft, Gesellschafter, Mitarbeiter, etwaige Tochterunternehmen

> Angaben allgemeiner Art zur Geschäftsführung sowie zu Aufsichtsorganen

- nähere Angaben zur Geschäftstätigkeit
- Operating Financial Review: Erläuterung von historischen Entwicklungen
- Investitionsüberblick (getätigte, laufende und geplante)
- wichtige Verträge
- Rechtsstreitigkeiten (abgeschlossene, aktuelle und drohende)
- Kapitalbasis und Geschäftsaussichten
- Verschuldung sowie Angaben zur Kapitalisierung
- Angabe und Erläuterung von geprüften historischen Finanzinformationen

In Bezug auf das Wertpapier selbst ist an die folgenden Angaben zu denken:

- Angaben allgemeiner Art zur Aktie (Dividendenrechte, Währung, Übertragbarkeitsbeschränkungen etc.)
- Begründungen für das unterbreitete Angebot
- Angaben zu den Kosten der Emission und zur Verwendung der Emissionserlöse
- Lock-up-Vereinbarungen (etwaige Sperrfristen)
- wesentliche Bedingungen bzw. Voraussetzungen für dieses Angebot
- Angaben zur Problematik der Verwässerung

Einen weiteren Abschnitt nehmen sogenannte Risikofaktoren ein, die das Geschäft beschreiben. In diesem Abschnitt sind Relativierungen unzulässig, es soll ein möglichst realistisches Bild der Ausgangssituation gezeichnet werden. Eine Zusammenfassung sowie ein Inhaltsverzeichnis gehören zu weiteren obligatorischen und strukturgebenden Elementen eines Wertpapierprospektes. § 5 des WpPG fasst die Anforderungen an das Prospekt wie folgt zusammen:

> *[Es muss] in leicht analysierbarer und verständlicher Form sämtliche Angaben enthalten, die im Hinblick auf den Emittenten und die öffentlich angebotenen oder zum Handel an einem organisierten Markt zugelassenen Wertpapiere notwendig sind, um dem Publikum ein zutreffendes Urteil über die Vermögenswerte und Verbindlichkeiten, die Finanzlage, die Gewinne und Verluste, die Zukunftsaussichten des Emittenten und jedes Garantiegebers sowie über die mit diesen Wertpapieren verbundenen Rechte zu ermöglichen.*

Erleichterung und Integration von bereits bestehenden Dokumenten

Für die Platzierung von Mittelstandsanleihen gibt es seit Mitte 2012 Erleichterungen, die im letzten Teil dieses Kapitels betrachtet werden sollen. Auch für Mitarbeiterbeteiligungsprogramme, die von der gesetzlichen Prospektpflicht nicht ausgenommen sind, können einige Angaben entfallen. Details hierzu werden im Prüfverfahren der BaFin geregelt. Grundsätzlich ist es möglich, bestehende Dokumente mit in Wertpapierprospekte zu integrieren oder mit Hinweisen auf andere Quellen zu verweisen. Diese müssen allerdings den gesetzlichen Anforderungen entsprechen und aussagekräftig bzw. relevant sein. Prospekte, die bereits im Ausland eingesetzt werden, können auch in Deutschland benutzt werden. In einem solchen Fall müssen ggf. nur fehlende Informationen entsprechend den gesetzlichen Rahmenbedingungen hinzugefügt werden.

Formaler Ablauf: Das Prüfverfahren durch die BaFin

Generell ist zu beachten, dass das Prüfverfahren für Wertpapierprospekte durch die BaFin enge Fristen vorsieht. So muss etwa binnen zehn Werktagen nach Eingang des konkreten Prospekts eine Entscheidung für oder gegen die Bewilligung getroffen werden. Diese Frist verlängert sich auf 20 Werktage, sofern der Emittent zuvor noch keinerlei Wertpapiere öffentlich angeboten hat. Kommt es zu dem Fall, dass die BaFin Mängel am Prospekt rügt, so muss eine Überarbeitung eingereicht werden. Für die Nachreichung beginnt die Frist nun erneut zu laufen. Ein Blick auf die Praxis zeigt, dass die Abläufe sehr zügig sind, denn erfahrene Prüfungsteams kümmern sich um die professionelle Abwicklung, sodass die gesetzlichen Fristen oftmals gar nicht ausgeschöpft werden. Für einen ersten Prospektentwurf werden in der Regel 13 Tage benötigt. Die Prüfung des zweiten Entwurfes dauert ca. zehn Tage, ein etwaiger Drittentwurf nur noch ca. zwei bis fünf Werktage, wobei diese Zahlen nicht als absolute Maßgaben verstanden werden sollten. Die BaFin selbst empfiehlt, sich im Vorfeld der Platzierung eines öffentlichen Angebotes mit den zuständigen Fachreferaten PRO 1 und 2 in Kontakt zu setzen, um offene Fragen und Anforderungen rechtzeitig für eine problemlose Abwicklung zu klären. Ein besonderer Fokus wird hierbei regelmäßig auf die sogenannten historischen Finanzinformationen gelegt. Diese sind nach den internationalen Standards (IFRS) darzustellen, im Einzelfall kann aber auch eine Darstellung gemäß nationaler Prinzipien (GAAP – General Accepted Accounting Principles) möglich sein. Die Experten der BaFin prüfen den Wertpapierprospekt nach der Einreichung im Hinblick auf Vollständigkeit und Kohärenz bzw. Widerspruchsfreiheit. Auch die Verständlichkeit wird kritisch beäugt. Der Prüfung der gesetzlichen Mindestinhalte sowie der möglichen Warnhinweise in der Zusammenfassung kommt ebenfalls eine wichtige Rolle zu. Unter www.bafin.de/datenbanken können genehmigte Prospekte als Anschauungsmaterial eingesehen werden.

Einzureichende Unterlagen und Aktualisierungen

Mit Blick auf die Einreichung eines Wertpapierprospekts zur Überprüfung sind bei der BaFin (mit Sitzung in Frankfurt a.M.) die folgenden Dokumente in Papierform einzureichen:

> **Entwurf des Wertpapierprospektes**: Es muss ein unterschriebenes Exemplar eingereicht werden, das mit dem später veröffentlichten absolut identisch ist.

> **Anschreiben**: Neben Kontaktdaten sollte das Anschreiben aussagekräftige Informationen zum Prospekt enthalten.

> **Querverweisliste**: Diese ist beizufügen, sofern der Prospekt nicht in derjenigen Reihenfolge der einschlägigen Anhänge gemäß Prospektverordnung aufgebaut ist. Die Liste soll schnell erkennen lassen, an welcher Stelle eine geforderte Information zu finden ist.

> **Vollmacht**: Diese ist beizufügen, sofern die Wertprospekteinreichung durch einen Dritten geschieht (dies kann oftmals ein damit beauftragter Rechtsanwalt sein).

Ein Prospekt ist grundsätzlich in deutscher Sprache zu erstellen. Allerdings ist selbst eine englische Fassung denkbar, falls die betreffenden Wertpapiere außerhalb Deutschlands schon zugelassen worden sind. In einem solchen Fall muss aber unbedingt eine deutsche Übersetzung der Zusammenfassung enthalten sein. In der Praxis kann es der Fall sein, dass die Finanzinformationen in englischer Sprache gegeben werden, obwohl der Wertpapierprospekt an sich in deutscher Sprache verfasst wurde. Dies ist zulässig und auch sinnvoll, da die Fachbegriffe ohnehin aus dem Englischen stammen und dem lesenden Fachpublikum daher keine Verständigungsprobleme bereiten sollten. Ein veröffentlichter Prospekt hat eine Gültigkeit von zwölf Monaten, sofern er nicht durch Nachträge aktualisiert wird. Auch ein solcher Nachtrag muss von der BaFin gebilligt werden. Er hat zu erfolgen, wenn neue wichtige Informationen mitzuteilen sind oder für den Fall, dass sich Angaben als nicht haltbar erwiesen haben.

Zur praktischen Umsetzung: Kostenaspekte und Zeitplanung

Die Gebühren für das notwendige Billigungsverfahren zur Zulassung eines Wertpapierprospektes und somit zur Platzierung von Aktien durch die BaFin liegen derzeit bei 6 500 Euro. Wie oben bereits angedeutet, ist die gesetzliche Billigungsfrist mit 20 Werktagen für eine Erstemission recht kurz bemessen, sodass Finanzierungsprojekte schnell umgesetzt werden können, sofern der Prospekt selbst professionell und gewissenhaft ausgearbeitet wurde. Im Anschluss an eine erfolgreiche Prüfung kann der gebilligte Prospekt mit dem »EU-Pass« für alle anderen Jurisdiktionen innerhalb des Europäischen Wirtschaftsraums (EWR) notifiziert werden. Mit Blick auf die Kosten lassen sich keine allgemeinverbindlichen Ziffern benennen, da diese sehr stark vom Produkt und der Art der Platzierung abhängen. Als Orientierung für die Gesamtkosten der Wertpapierplatzierung samt Prospekterstellung kann mit einem Kostenrahmen in Höhe von 5 bis 10 Prozent des Emissionsvolumens kalkuliert werden. Insgesamt handelt es sich um einen komplexen Prozess, der ein zielfokussiertes Vorgehen mit stringentem Projektmanagement erfordert. Daher sollten Unternehmen, die diesen Finanzierungsweg gehen möchten, professionelle Hilfe in Anspruch nehmen, um das Projekt schnell und zielorientiert umzuset zen. Den Kosten für einen Börsengang bzw. für die Platzierung von Mittelstandsanleihen steht eine attraktive Erweiterung der Eigenkapitalbasis und somit der unternehmerischen Handlungsspielräume gegenüber. Nicht zu vergessen sind ferner die Marketing- bzw. Imageeffekte, die eine Platzierung an internationalen und selbst an regionalen Börsenplätzen mit sich bringt. In dieser Hinsicht ist ein Wertpapierprospekt ein lesbarer Türöffner für einen nachhaltigen und finanziell soliden Wachstumskurs.

Zuständigkeiten für die Zulassung zum Börsenhandel

Mittelständische Unternehmen können in Deutschland gezielt die Chancen von regionalen Börsenplätzen nutzen, um sich im marktrelevanten Umfeld zu finanzieren bzw. öffentlichkeitswirksam zu vermarkten. In Deutschland stehen generell die Börsenplätze in Düsseldorf, Berlin, Frankfurt a. M., München, Stuttgart und Hamburg-Hannover offen. Die Geschäftsführung des jeweiligen Börsenplatzes ist für die Zulassung der Wertpapiere zuständig. Emittenten müssen dort mit einem sogenannten Zulassungsantragsteller (z. B. mit einem Kreditinstitut) einen Zulassungsantrag stellen. Der hier ausführlich vorgestellte Prospekt gehört natürlich auch zu den notwendigen Formalitäten, wobei er für Mittelstandsanleihen vereinfacht werden kann (mehr dazu weiter unten).

Neue Vorgaben für Wertpapierprospekte seit Juli 2012

Seit dem 1.7. 2012 sind neue Regelungen für Wertpapierprospekte in Kraft getreten. Hierbei handelt es sich um die nationale Umsetzung europäischen Rechts, wobei u. a. neue Schwellenwerte sowie die Gültigkeitsdauer von Prospekten geregelt werden. In diesem Sinne ist ein Wertpapierprospekt entbehrlich, sofern sich das Angebot an weniger als 150 Anleger richtet (vormals 100) oder wenn der Mindestanlagebetrag bzw. die Mindeststückelung 100 000 Euro betragen (vormals 50 000 Euro). Das Gesetz konkretisiert, dass ein öffentliches Angebot nur für ein Jahr im Rahmen der Prospektgültigkeit fortgeführt werden darf. Zu beachten ist, dass die Frist nicht erst mit der Veröffentlichung beginnt, sondern schon mit der Genehmigung durch die BaFin. Ferner kommt dem Format der obligatorischen Zusammenfassung eine wichtige Rolle zu. Die EU möchte im Sinne des Verbraucherschutzes sicherstellen, dass die Zusammenfassung eine zentrale und verlässliche Quelle für alle Anleger sein soll. Daher ist ein Format vorgeschrieben, das eine gute Vergleichbarkeit unterschiedlichster Anleihenangebote ermöglichen soll. In diesem Sinne muss jede Zusammenfassung die gleichen Informationen enthalten, auch Risikohinweise dürfen nicht fehlen. In formaler Hinsicht darf die Zusammenfassung nicht mehr als 7 Prozent des gesamten Prospektes bzw. maximal 15 Seiten betragen. In der Praxis der Prospekterstellung hat es sich mittlerweile quasi als Standard durchgesetzt, die Zusammenfassung in Tabellenform des Inhalts voranzustellen, sodass bereits das Layout anzeigt, dass es sich um verkürzte Angaben handelt.

Alternative Finanzierungswege für den Mittelstand: aktuelle Tendenzen und Entwicklungsperspektiven

Ein Börsengang steht entgegen der weitverbreiteten Auffassung nicht nur großen Kapitalgesellschaften offen. Auch mittelständische Unternehmen können regionale Börsenplatze strategisch nutzen, um bankenunabhängige Finanzierungswege zu gehen. Unternehmensanleihen ermöglichen eine langfristige und bankenunabhängigere Realisierung von Wachstumsstrategien, wobei gleichzeitig eine imagewirksame Platzierung des Unternehmens erreicht wird. Je nach Art und Reichweite des Unternehmens können eher regionale Schwerpunkte oder auch eine internationale Platzierung gewählt werden. Insgesamt erscheint ein solcher Finanzierungsweg aufgrund niedrigerer Kosten als im Rahmen der Kreditaufnahme als betriebswirtschaftlich erstrebenswert, ferner werden größere Finanzierungsvolumina in kürzerer Zeit nutzbar. In interner Hinsicht ist auch an die stärkere Bindung bzw. Motivation der Mitarbeiter durch Beteiligungen zu denken.

Mittelstandsanleihen als attraktiver und zukunftsfähiger Finanzierungsweg

In der Wirtschaftspraxis zeichnet sich der deutliche Trend ab, dass das öffentliche Angebot in puncto Mittelstandsanleihen sich einer zunehmenden Beliebtheit erfreut. Dies ist nicht zuletzt auf die direkten Folgen von Basel III und die damit einhergehenden schwierigeren Kreditbedingungen zurückzuführen. Viele mittelständische Unternehmen ziehen die Begebung von Schuldverschreibungen mittlerweile klassischen Bankkrediten vor, da die Kapitalmarktfähigkeit nicht zuletzt in puncto Image und Bekanntheit viele Chancen in sich birgt. Dieser Mittelstandstrend zeigt sich seit 2010 deutlich, denn mittlerweile bieten alle deutschen Börsenplätze ein solches Segment an. Die Zulassungsvoraussetzungen variieren von Börsenplatz zu Börsenplatz, jedoch ist in allen Fällen von Gesetzes wegen ein Wertpapierprospekt verpflichtend vorgeschrieben. Allerdings ergeben sich hier insbesondere für KMU Erleichterungen.

Kleine und mittelständische Unternehmen mit einer geringen Marktkapitalisierung (Small Caps) dürfen Wertpapierprospekte gemäß den neuen Vorgaben der Prospektverordnung gestalten. Rein definitorisch sind KMU Unternehmen, die weniger als 250 Mitarbeiter im Geschäftsjahr haben und deren Jahresumsatz (netto) maximal bei 50 Mio. Euro liegt oder deren Bilanzsumme max. 43 Mio. Euro beträgt. Für diese Unternehmen gilt in Bezug auf die Prospektgestaltung, dass die wichtigen historischen Finanzinformationen nur für das zurückliegende Geschäftsjahr angegeben werden müssen. Auch muss nicht zwingend der Jahresabschluss im Prospekt abgedruckt werden, ein Hinweis für die Möglichkeit der Einsichtnahme reicht. Mit Blick auf die zahlreichen rechtlichen Aktualisierungen und die fortwährenden Umsetzungen von europäischem Recht empfiehlt es sich, stets professionellen Rat einzuholen und sich im Internet über die neuesten Regelungen zu informieren. Die Homepage der BaFin ist diesbezüglich eine verlässliche und belastbare Informationsquelle.

Ein Wertpapierprospekt darf keine informatorische Nebelkerze sein

In vielen Unternehmen werden Wertpapierprospekte als formales bzw. notwendiges Übel betrachtet. Hierbei wird jedoch ganz offensichtlich der große Wirkungsgrad verkannt, die ein solcher Prospekt nach außen entfalten kann. Er ist, wie eingangs erwähnt, der Türöffner zu einer soliden, bankenunabhängigen Finanzierung. Mehr noch: Es handelt sich um ein Dokument mit starker Reichweite, das Vertrauen und Transparenz erzeugen kann. Unternehmen haben darin die Chance, in kompakter Form ihr Geschäftsmodell und die konkreten Wachstumschancen zu beschreiben. Neben dem reinen Finanzierungsaspekt ist ein Wertpapierprospekt zugleich immer auch eine öffentlichkeits- und imagewirksame Platzierung des Unternehmens, um dessen Bekanntheit gezielt regional oder, je nach strategischer Ausrichtung, international zu vergrößern. Gerade in den turbulenten Zeiten nach der Finanz- und der anhaltenden Schuldenkrise gilt es, Vertrauen zu schaffen. Dies kann nur durch einen professionellen Wertpapierprospekt erreicht werden, der keinesfalls eine informatorische Nebelkerze sein darf, sondern ein kompaktes und realistisches Abbild von unternehmerischen Chancen sein muss. Die hier angerissenen Erleichterungen für kleine und mittelständische Unternehmen stellen auch in puncto Handlungsflexibilität attraktive Spielräume dar, die es in Zeiten von knapper und vor allem teurer werdenden Bankkrediten unbedingt zu ergreifen gilt. Zudem zeigt ein Blick auf die Fristen, dass die formalen Prozesse bei der BaFin recht zügig durchlaufen werden können.

»Prospekt«ive Wege der Unternehmensfinanzierung als Antwort auf Basel III

Mit Blick auf die erfolgskritische Unternehmensfinanzierung und die sich durch Basel III ergebenden Herausforderungen erscheint ein Wertpapierprospekt buchstäblich eine prospektive bzw. vorausschauende Möglichkeit zu sein, um neue und effektive Wege zu gehen. Auch wenn es, wie in diesem Kapitel aufgezeigt, Erleichterungen für kleine und mittelständische Unternehmen gibt, so sollte dies dennoch dazu motivieren, die Chancen eines solchen Prospektes vollends auszuschöpfen. Insofern sollten möglichst viele aussagekräftige und belastbare Informationen für potenzielle Anleger dargeboten werden, um Vertrauen und Neugierde zu wecken. Neben neuen, soliden und vor allem bankenunabhängigen Wegen der Unternehmensfinanzierung und somit einer strategischen Antwort auf die Folgen von Basel III sollten insbesondere KMU nicht die Chance verpassen, mit einem Börsengang eine regionale bzw. darüber hinaus eine breite Öffentlichkeit anzusprechen.

»Wege entstehen dadurch, dass man sie geht«

Insgesamt dürfte im Verlauf dieses Buches mit Blick auf das einleitende Zitat von Franz Kafka deutlich geworden sein, dass es sich lohnt, alternative Wege der Unternehmensfinanzierung zu gehen. Aufgezeigt wurden in den Kapiteln verschiedene Pfade, die je nach Unternehmensspezifika bzw. Finanzierungsvolumen ausgewählt werden können, um der strukturellen Abhängigkeit der Kreditfinanzierung zu entgehen. Niemand kann die wirtschaftliche Zukunft bzw. die konkrete Entwicklung im eigenen Unternehmen voraussagen, eines ist aber sicher: Mit einer breiter aufgestellten Unternehmensfinanzierung, die nicht nur auf einem bankenabhängigen Bein steht, können Risiken reduziert und letztlich ein großes Maß an wünschenswerter Solidität erreicht werden, um nachhaltige Wachstumsstrategien zu finanzieren.

simplified

12 Investor Relations

Von Christopher A. Runge

Begriffsklärung und Einordnung: Was verbirgt sich hinter dem Konzept Investor Relations?

Investor Relations (IR) bzw. die sogenannte Finanzkommunikation verkörpert ein zentrales Aufgabenfeld der Öffentlichkeitsarbeit (Public Relations). Bei Aktiengesellschaften oder anderen kapitalbasierten Gesellschaftsformen gehört hier im Wesentlichen die Kontaktpflege zu Aktionären und Investoren, ebenso zu Analysten und Medienvertretern aus der entsprechenden Fachrichtung zum Aufgabenfeld. Diese genannten drei Zielgruppen werden häufig auch als Financial Community bezeichnet. Klar ist, dass diese Gruppen unterschiedliche Erwartungen und somit ein abweichendes Informationsbedürfnis haben. Professionelle IR-Instrumente müssen dementsprechend zielgruppenorientierte Informationen bereitstellen. Generell ist das Konzept Investor Relations als Disziplin der Unternehmenskommunikation einzuordnen, wobei es sich in erster Linie auf profitorientierte Organisationen bezieht. In diesem Sinne handelt es sich um kommunikative Maßnahmen mit Blick auf ein professionelles Stakeholdermanagement. Zentrales Ziel der Investor Relations muss es sein, beste Voraussetzungen zu schaffen, um eine faire und der Realität entsprechende Bewertung des Unternehmens am Kapitalmarkt zu ermöglichen. Daher richtet sich diese Finanzkommunikation sowohl an interne als auch an externe Stakeholder. Daraus ergeben sich einige Gebote und Verbote, die im Folgenden noch näher ausgeführt werden. Dabei wird auch ein Blick auf gängige Instrumente der IR geworfen. Grundsätzlich kann an dieser Stelle schon zwischen gesetzlich vorgegebenen Publizitätspflichten (Jahresabschluss bei Aktiengesellschaften und Wertpapierprosektpflicht als konkrete Beispiele) sowie freiwilligen Veröffentlichungen unterschieden werden. Von entscheidender Bedeutung sind solche Informationen, die den Marktpreis von Aktien beeinflussen können. In Bezug auf diese Insiderinformationen erfordert das Gesetz eine Ad-hoc-Publizität seitens der betroffenen Unternehmen (Ad-hoc-Mitteilungen). In Zeiten der global vernetzten Welt des Web 2.0 spielt natürlich auch das Internet eine zentrale Rolle für die Aktivitäten rund um Investor Relations. Eine aktuelle Benchmarkstudie der Universität Leipzig zeigt allerdings, dass Deutschland sich im internationalen Vergleich nur im Mittelfeld bewegt: Hier liegt noch viel Potenzial brach, das es strategisch zu nutzen gilt. In Bezug auf die neuen Finanzierungswege aufgrund der Beschlüsse zu Basel III sollen abschließend auch kurz und knapp Perspektiven für den Mittelstand aufgezeigt werden, wie er mittels professioneller Investor Relations öffentlichkeitswirksam neue Wege der Kapitalbeschaffung gehen kann.

Effektive Finanzkommunikation für eine faire Marktbeurteilung

Alle Maßnahmen, die ein Unternehmen im Bereich Investor Relations ergreift, sind dem Ziel verpflichtet, die Entwicklung des Unternehmenswertes richtig und möglichst faktenbasiert einschätzen zu können. Letztlich geht es darum, die Erwartungen der Marktteilnehmer mit zielgerichteten Informationen zu steuern. Ein Blick auf die Praxis zeigt, dass Unsicherheiten und eine unklare Kommunikationsstrategie zu einer Unterbewertung von Aktien führen können. Demgegenüber steht ein möglicher Vertrauensverlust, falls der erwartete Geschäftsverlauf durch Aussagen zu optimistisch gezeichnet wird. In strategischer und finanzieller Hinsicht muss es das Ziel der IR-Maßnahmen sein, den Umsatz in Bezug auf gehandelte Aktien zu steigern. So sollen letztlich Kursschwankungen durch zu geringe Umsätze respektive eine unerwünschte Unterbewertung vermieden werden. Gerade nach der großen, durch den Zusammenbruch von Lehman Brothers ausgelösten Finanzkrise, spielt Vertrauen eine zentrale Rolle im Bereich der IR. Ein ganzheitliches und strategisch abgestimmtes Vorgehen ist unerlässlich, denn ein erlittener Vertrauensverlust lässt sich nur sehr schwer wieder reparieren. Insgesamt sollten alle ergriffenen Maßnahmen dem Ziel verpflichtet sein, die wahrgenommene Attraktivität (Image) des Unternehmens für Marktteilnehmer und alle Zielgruppen der Investor Relations zu steigern. Angestrebt werden sollte ein Ideal der effektiven Finanzkommunikation, das laut DVFA-Definition folgende Kriterien würdigt:

> Erwartungsmanagement
> Kapitalmarktorientierung
> Gleichbehandlung
> Nachvollziehbarkeit/Transparenz
> Wesentlichkeit/Relevanz
> Aktualität und Kontinuität

Wesentliche Ziele der Investor Relations auf einen Blick

Um IR-Aktivitäten erfolgreich zu gestalten und den Erfolg letztlich konkret messen zu können, bedarf es einer klaren Zieldefinition bzw. Vision. Auch die im Folgenden vorgestellten Instrumente sollten mit Bedacht und mit Blick auf die fokussierten Ziele gewählt werden. Insgesamt kann eine Unterscheidung zwischen finanzpolitischen und kommmunikationspolitischen Zielen getroffen werden. Zu den finanzpolitischen Zielen, die auch die Unternehmensfinanzierung direkt berühren, gehören die Wertsteigerung von Aktien, die Verbesserung des Verhältnisses Kurs zu Gewinn bzw. Cashflow, die Verminderung der Volatilität des Aktienkurses (Risikominimierung), die Erhöhung des Anteils von langfristigen Investoren (nachhaltige Finanzierungsbasis) und die Verringerung der Kapitalkosten insgesamt. Im Bereich der kommunikationspolitischen Ziele gilt es nicht nur, die vorgegebenen Pflichten formal zu erfüllen. In wahrnehmungspsychologischer Hinsicht geht es vor allem darum, die Glaubwürdigkeit und den Bekanntheitsgrad zu steigern, ferner soll letztlich der Zugang zu strategisch wichtigen Partnern erleichtert werden. Insgesamt sind diese Ziele auch im Kontext einer zunehmend wertorientierten Unternehmensbetrachtung zu sehen. Längst haben Kennzahlen wie MVA (Market Value Added), EVA (Economic Value Added) oder der operative Cashflow bei der Unternehmensbewertung bzw. Investitionsentscheidung eine wichtige Rolle eingenommen. Auch die zunehmende Angleichung der internationalen Rechnungslegungsstandards wird deutschen Unternehmen die Chance eröffnen, mit ganzheitlich ausgerichteten IR-Anstrengungen neue Investoren weltweit zu gewinnen. Das Bilanzrechtsmodernisierungsgesetz aus dem Jahre 2009 ist nur ein erster Schritt weg vom HGB und hin zu international verbindlichen Standards. Damit werden letztlich auch Transparenz und Vergleichbarkeit gefördert.

Grundsätzliche strategische Gedankenspiele zur Umsetzung

Natürlich bedarf es einer Strategie, um Maßnahmen im Bereich Investor Relations sinnvoll und ganzheitlich umzusetzen. Als Erstes muss im Unternehmen also Klarheit darüber herrschen, was kommuniziert werden soll bzw. muss. Erst danach ist über das Wie zu entscheiden. Die IR-Strategie sollte der übergeordneten Unternehmensstrategie verpflichtet sein, sodass sich keine Widersprüchlichkeiten ergeben. Für einen größtmöglichen Wirkungsgrad sollten alle Inhalte der Investor Relations einen Zukunftsbezug mit gewisser Nachhaltigkeit haben, da Investoren sich auf diese Weise ein Bild über die möglichen Auswirkungen ihrer Investitionsentscheidung machen können. Eine erfolgreiche und vertrauenerweckende Finanzkommunikation zeichnet sich dadurch aus, dass etwaige Informationsasymmetrien abgebaut werden. So kann letztlich eine faire Bewertung an der Börse erreicht werden. Die IR-Strategie sollte klar formuliert und für alle einsehbar schriftlich fixiert werden, um einen eindeutigen Orientierungsrahmen vorzugeben. In der IR-Strategie, die sich optimalerweise aus der Unternehmensstrategie ableitet, sollen auch eindeutige Aussagen über angestrebte Ziele und relevante Zielgruppen enthalten sein. Darüber hinaus sollten ferner die wichtigen Kommunikationskanäle und Instrumente dargestellt werden. Für Vertrauen und Transparenz sorgt des Weiteren ein Hinweis in puncto Leitfaden für den internen Informationsfluss zwischen verschiedenen Schnittstellen bzw. Gremien (etwa Aufsichtsrat und Vorstand).

Was geht im Bereich Investor Relations? Ein Überblick über gängige Instrumente

Nicht zuletzt seit der globalen Finanzmarktkrise befindet sich der internationale Kapitalmarkt in ständigem Wandel. Die Rahmenbedingungen haben sich stetig verändert. Als Folge der zunehmenden regulatorischen Bemühungen der Politik ist mit weiteren Änderungen in naher Zukunft zu rechnen. Unternehmen sind daher in der Pflicht, im Rahmen ihrer IR-Strategie überzeugende Antworten auf die sich neu ergebenden Rahmenbedingungen zu finden. In der jetzigen Phase der Neuorientierung herrscht vor allem ein starker Wunsch nach Transparenz, Sicherheit und Vertrauen, der einem verschärften Wettbewerb gegenübersteht. Genau in diesem Spannungsfeld bietet der Bereich der Investor Relations die Möglichkeit, Vertrauen und somit eine verlässliche Basis für eine nachhaltige Unternehmensfinanzierung aufzubauen. Gerade in Zeiten des omnipräsenten Angebotes des Web 2.0 wird die Informationspolitik immer erfolgskritischer, da sie nachgewiesenermaßen sehr stark auf die Entscheidung von potenziellen Investoren wirkt. Mit Blick auf den in diesem Buch schon vielfach angesprochenen Mittelstand bedeutet dies ganz klar: Stillstand ist Rückschritt! Viele mittelständische Unternehmen hierzulande haben zwar noch eine solide Substanz, aber mögliche Investoren können noch nicht angesprochen werden. Im Zuge neuer, bankenunabhängiger Finanzierungswege gilt es, den Aufgabenbereich der Investor Relations strategisch zu nutzen, um damit eine Basis für eine Zukunft zu etablieren, die finanziell besser aufgestellt ist. Eine zielorientierte und vor allem ehrliche Finanzkommunikation hilft dabei, ein notwendiges »Vertrauenskapital« in der Öffentlichkeit aufzubauen. Insbesondere in Krisen erweist sich dieses Kapital als konkreter Wettbewerbsvorteil bzw. als eine Art von »Lebensversicherung«.

Strategische Gewichtungen anhand der relativen Bedeutung

Bevor auf einzelne Maßnahmen, Gebote und Verbote im Bereich der IR eingegangen wird, macht es Sinn, die Zielgruppen, auf die sich die Maßnahmen richten, mit Blick auf ihre strategische Bedeutung zu beleuchten. Die drei zu unterscheidenden Gruppen Privatanleger, institutionelle Anleger (z. B. Finanzanalysten, Fondsmanager) und sogenannte Multiplikatoren (Journalisten) nehmen je nach Unternehmensspezifika eine unterschiedlich gewichtete Rolle ein. Klar ist aber, dass letztlich die Informationsbedürfnisse der jeweiligen Zielgruppen befriedigt werden müssen, um erfolgreich agieren zu können. Es dürfen keine Asymmetrien bzw. Unstimmigkeiten sichtbar werden. In Zeiten der neuen digitalen Möglichkeiten spielt vor allem das Internet eine sehr wichtige Rolle bei einer zeitgemäßen Finanzkommunikation, die alle Anspruchsgruppen erreichen soll und kann. Repräsentative Untersuchungen zeigen, dass vor allem institutionellen Anlegern im In- und Ausland, Fondsmanagern und Finanzmanagern sowie potenziellen Anlegern eine große strategische Bedeutung zugewiesen wird. Im Mittelfeld rangieren Broker, Privatanleger, Journalisten, Belegschaftsaktionäre und Ratingagenturen. Am unteren Ende der Ratingskala in puncto Bedeutung der IR-Zielgruppen rangieren Geschäftspartner und Kreditgeber. Daraus kann allenfalls eine Tendenz, jedoch keine stringente Strategie abgeleitet werden, da die Zielgruppen je nach Unternehmenssituation eine andere Bedeutung haben können. So sollten etwa für den Mittelstand Geschäftspartner und Kreditgeber traditionell eine bedeutendere Rolle spielen. Allerdings werden die Beschlüsse zu Basel III hier vermutlich einen Paradigmenwechsel einleiten: Durch die Nutzung bankenunabhängiger Finanzierungswege rücken andere IR-Zielgruppen wie insbesondere Anleger zunehmend in den strategischen Mittelpunkt.

Investor Relations Tools: Wachstumschancen aktiv gestalten

Insbesondere vor dem Hintergrund der sich rasch weiterentwickelnden digitalen Medien und der beeindruckenden Reichweite des World Wide Web bietet sich eine Vielzahl an Kommunikationsinstrumenten an, um die Kernbotschaften des Unternehmens medienwirksam nach außen zu tragen. Generell muss es bei jeder ergriffenen Maßnahme primär darum gehen, einen medienwirksamen Effekt zu erzeugen, der das relevante Zielpublikum wirklich erreicht und überzeugen kann. Mit Blick auf die in der Wirtschaftspraxis vorzufindenden Maßnahmen kann zwischen persönlichen und unpersönlichen Instrumenten unterschieden werden:

Unpersönliche Maßnahmen	Persönliche Maßnahmen
Internet, Homepage des Unternehmens	Einzelgespräche
Imageanzeigen	Roadshow
TV-Spot	Analystentreffen
Artikel in Printmedien (national/international)	Pressekonferenz
Aktionärsbrief	Aktionärshotline
Pressemitteilung	Telefonkonferenz
Geschäftsbericht	Firmenbesichtigungen
Hauptversammlung	Messeauftritte

Gängige Kommunikationsinstrumente aus dem IR-Bereich

Aktuelle Befragungen machen deutlich, dass persönliche Instrumente im Bereich der IR an Bedeutung gewinnen, obwohl sie für Unternehmen aufwendiger und zum Teil mit höheren Kosten verbunden sind. Nicht zu verachten sind aber die sich daraus ergebenden Multiplikatoreffekte durch Mund-Propaganda. Ein Blick auf die Details zeigt, dass Unternehmen vor allem solche persönlichen Instrumente als sehr wichtig einschätzen, mit denen sie dem Informationsbedarf von Analysten und institutionellen Investoren am besten nachkommen können. In diesem Kontext werden die Maßnahmen Einzelgespräche, Road Shows und Analystentreffen als wichtig eingestuft. Zu erkennen ist die Tendenz, dass Unternehmen den direkten Kontakt zu den Zielgruppen suchen, was auch den gesamtökonomischen Rahmenbedingungen geschuldet zu sein scheint. Durch ein solches Vorgehen jedenfalls kann Vertrauen gewonnen werden. In den USA zeigt sich übrigens ein ähnliches Bild.

Auch hier gelten Road Shows und Einzelgespräche als wichtige persönliche Kommunikationsinstrumente. Weniger wichtig werden Instrumente mit einem hohen Streuverlust und relativ hohen Kosten. Diese beiden Faktoren lassen sich im Zuge des Controllings recht gut quantifizieren. Zu solchen mittlerweile »unwichtigeren« Instrumenten zählen laut Erhebungen TV-Spots, Imageanzeigen und Ausstellungen bzw. Messen. Ein Blick auf die Praxis zeigt zudem, dass Instrumente wie Pressemitteilungen oder Geschäftsberichte als Standard gelten. Vor diesem Hintergrund muss man berücksichtigen, dass potenzielle Investoren solcherlei Information als selbstverständlich voraussetzen. Alles andere würde unprofessionell wirken. Ein interessantes Vermarktungsbeispiel ist das Eigenkapitalforum in Frankfurt, da man hier ein internationales und branchenübergreifendes Publikum treffen kann. Auf diesem Forum können und sollten sich vor allem mittelständische Unternehmen, die zukünftig alternative Wege der Unternehmensfinanzierung gehen wollen, im wahrsten Wortsinne blicken lassen.

Image zählt und bildet Vertrauen: Alles eine Frage des guten Rufs

Gerade in Anbetracht der wichtigen Rolle des Internets bei der Informationsrecherche sollten sich Unternehmen darum bemühen, ihren guten Ruf online zu überwachen und nicht dem Zufall zu überlassen. In diesem Bereich empfiehlt es sich, auf Leistungsbausteine von professionellen Anbietern zurückzugreifen, denn ein ganzheitliches Monitoring der Außendarstellung führt nachgewiesenermaßen zu einer Verbesserung des Images. Auch mit pfiffigen Social-Media-Kampagnen können Unternehmen auf sich aufmerksam machen, allerdings gibt es in Bezug auf kursrelevante Informationen einiges zu beachten (mehr dazu im Folgenden). Solche Kampagnen überzeugen durch eine hohe Reichweite und eine transparente Kosteneffizienz.

Was geht nicht im Bereich der Investor Relations?

Ganz wesentlich ist für Unternehmen die Erfüllung der Pflicht in Bezug auf Ad-hoc-Mitteilungen. Hierdurch soll Insiderhandel mit Aktien verhindert werden. Ferner soll sichergestellt werden, dass alle Marktteilnehmer die gleiche Informationsbasis als Ausgangslage vorfinden. Details zur Ad-hoc-Publizitätspflicht regelt in Deutschland das Wertpapierhandelsgesetz (WpHG). Eine solche Pflicht entsteht gemäß § 15, wenn eine Insiderinformation vorliegt. In diesem Fall muss die Information vom Unternehmen sofort veröffentlicht werden, da der Börsenkurs sonst beeinflusst wird oder aber das Unternehmen ggf. seinen Verpflichtungen infolge von Verwerfungen nicht mehr nachkommen könnte. Der sogenannte Emittentenleitfaden der BaFin (Bundesanstalt für Finanzdienstleistungsaufsicht) zeigt in der Fassung vom 28.4.2009 auf den Seiten 56/57 in verschiedenen Fallkonstellationen ein erhebliches Potenzial für die Beeinflussung von Preisen. Ein Blick in diesen Leitfaden sei jedem Interessierten empfohlen, um sich mit allen denkbaren Tatbeständen für eine Ad-hoc-Publizitätspflicht vertraut zu machen. Im Übrigen sei an dieser Stelle explizit auf die Inhalte von Kapitel 10 verwiesen. Demzufolge bedarf jedes öffentliche Angebot eines Wertpapierprospektes. Werden Investor Relations als reichweitenstarke und vertrauensbildende Finanzkommunikation verstanden, so sollte die Prospektpflicht nicht nur als formales und notwendiges Übel betrachtet werden. Ganz im Gegenteil: Es sollte als einflussreiches Marketinginstrument verstanden und konzipiert werden, das die Investitions- und Wachstumschancen aus einer realistischen Perspektive beleuchtet.

Über unseriöse Methoden und Manipulation

Ergänzend zu den Ausführungen zu Insiderinformationen und der daraus resultierenden Ad-hoc-Publizitätspflicht sei klar und deutlich erwähnt, dass unseriöse bzw. manipulative Methoden nicht nur per Gesetz verboten sind, sondern auch das Image eines Unternehmens unwiderruflich zerstören können, ganz zu schweigen von etwaigen Preisverwerfungen am Aktienmarkt und Bußgeldern durch die BaFin. Die globale Finanzkrise, die ihren Ausgangspunkt in den USA genommen hat, dürfte allen Marktteilnehmern unmissverständlich vor Augen geführt haben, wie folgenschwer intransparente Verstrickungen sind. Zu bedenken ist ferner, dass aufgrund jener Ereignisse aktuell ein starker Wunsch nach Transparenz und Vertrauen herrscht. Unternehmen sollten alles daransetzen, schon mit ihrer Online-Präsenz fruchtbare Rahmenbedingungen zu schaffen und ein vertrauensvolles und verlässliches Bild der Investor Relations zu zeichnen. Aktuelle Negativbeispiele wie die Offenlegung von zweifelhaften Produktionsmethoden bei H&M zeigen, wie schnell und stark der Gesichtsverlust einer Marke voranschreiten kann, mit all seinen Konsequenzen für die Unternehmensfinanzierung.

IR-»Gezwitscher«? – Die Rolle von Social Media in der interaktiven Informationswelt

Wie bereits mehrfach erwähnt, spielen das Internet bzw. die angesagten Social Media wie Facebook und Twitter mittlerweile eine große Rolle für die Investor Relations. Hier finden Unternehmen eine kostengünstige und vor allem reichweitenstarke Möglichkeit, um sich einem breiten Publikum medienwirksam zu zeigen und um in Interaktion mit potenziellen Investoren zu treten. Es gilt aber zu beachten, dass es das Bundesfinanzministerium Unternehmen vorerst *nicht erlauben wird*, kursrelevante Informationen *ausschließlich* über Social Media wie Facebook und Twitter zu posten. Insofern sind diese beiden Instrumente der IR mit Bedacht in Bezug auf heikle kursrelevante Informationen einzubinden. Die amerikanische Börsenaufsicht (SEC) hat dies zwar prinzipiell erlaubt, allerdings müssen die Unternehmen vorher klar und deutlich mitteilen, dass sie solche Dienste für die Finanzkommunikation nutzen. Das Bundesfinanzministerium teilte mit, dass es in Bezug auf Social Media für die Finanzkommunikation im Rahmen der Investor Relations derzeit keine konkreten Pläne für die Änderungen der Wertpapierhandelsanzeige bzw. der Insiderverzeichnisverordnung gebe. Die Bundesanstalt für Finanzdienstleistungsaufsicht (BaFin) stellt klar, dass Unternehmen diese Kommunikationskanäle zusätzlich nutzen dürfen, die lediglich exklusive Verbreitung von meldepflichtigen Mitteilungen auf diesen Plattformen sei unzulässig. In einem solchen Fall, der eine Ordnungswidrigkeit darstellt, droht ein Bußgeld in einer Höhe von bis zu 1 Mio. Euro. Durch ständige Aktualisierungen kann letztlich auch nicht sichergestellt werden, dass jeder potenzielle Empfänger die Mitteilung lesen könne. Bisher erfüllen Twitter und Co. nicht die zugrunde liegenden Gesetzesansprüche gemäß § 5 WpAIV.

Investor Relations – ein wirksames Strategiefeld für die nahe Zukunft der Unternehmensfinanzierung

Die kompakten Ausführungen zum Unternehmensbereich Investor Relations dürften deutlich gemacht haben, dass es sich um eine wichtige Verbindung zu Stakeholdern handelt, die sich per se positiv auf das Image und die Ausstrahlung eines Unternehmens auswirken kann. Etwaige Defizite in Unternehmensbereichen können mit Maßnahmen der Finanzkommunikation zwar nicht kompensiert, aber umfassend erklärt und somit vertrauensbildend kommuniziert werden. Erfolg kann letztlich jedoch nur mit einem professionell-ganzheitlichen Ansatz zur strategischen Unternehmenskommunikation gesichert werden, es sei denn, man möchte das Risiko einer Rufschädigung eingehen. Wenn das Image durch unseriöse und nicht abgestimmte Instrumente der Finanzkommunikation Schaden nimmt, kann das für den Unternehmenserfolg verheerende Folgen haben. Denn im Bereich Investor Relations geht es letzten Endes um etwas Essenzielles – die eigene Glaubwürdigkeit. Mit Blick auf die Situation im Mittelstand zeigt sich, dass sich diese Unternehmen mit professioneller Hilfe im IR-Bereich strategisch positionieren sollten, um erhebliche Vermarktungspotenziale in Zukunft ausschöpfen zu können. Je nachdem, welche alternativen, bankenunabhängigen Wege der Unternehmensfinanzierung als Folge von Basel III gegangen werden: Mit einer ganzheitlichen IR-Strategie können sich mittelständische Unternehmen nicht nur stärker in der Wahrnehmung platzieren, sondern darüber hinaus auch gezielt potenzielle Investoren ansprechen.

13 Zusammenfassung

Von Christopher A. Runge

Neue »*Wege entstehen dadurch, dass man sie geht*«: So lautet der einleitend formulierte Anspruch des vorliegenden Buches: Relevantes unternehmerisches Praxiswissen mit Blick auf zukünftige Formen der bankenunabhängigen Unternehmensfinanzierung wurden in den einzelnen Kapiteln von Fachexperten aufgezeigt und neue strategische Optionen und Handlungsalternativen dargelegt. Neben theoretischen Betrachtungen wurden dabei insbesondere praxisrelevante Schritte diskutiert, die mittelständischen Unternehmen in Zukunft jenseits der traditionellen Kreditversorgung durch Banken neue Wege eröffnen können. Dabei haben die Betrachtungen rund um die Reformen zu Basel III direkt zu Beginn verdeutlicht, dass es an der Zeit ist, neue Wege der Unternehmensfinanzierung zu gehen, um die finanzielle Solidität sowie die erstrebenswerte unternehmerische Entscheidungsfreiheit langfristig zu erhalten.

Die Lehren aus der Finanzkrise: Stillstand bedeutet Rückschritt

Die Finanzkrise aus dem Jahre 2008 scheint auf den ersten Blick überwunden, doch bei genauem Hinsehen sind die Folgen für die Unternehmensfinanzierung allenthalben spür- und greifbar: Fehlerhafte Risikoeinschätzungen und zu geringe Eigenkapitaldecken der Banken haben im Wesentlichen zum dramatischen weltweiten Kollaps des Finanzsystems nach der Pleite von Lehman Brothers geführt. Durch die nun greifenden Regelungen zu Basel III, die Banken zu höheren Eigenkapitalpuffern zwingen, zeichnet sich jetzt schon eine zukünftige Kreditklemme für den Mittelstand durch eine restriktivere Vergabe infolge einer geänderten Risikobewertung ab. Zudem wird es für Unternehmen nicht nur schwieriger, an Bankkredite zu kommen, diese werden auch zu schlechteren Konditionen zu erhalten sein, was die betriebswirtschaftliche Legitimation für die Beschäftigung mit bankenunabhängigen Wegen der Unternehmensfinanzierung nochmals steigert. Es kann ohne Übertreibung und vor allem mit Blick auf die Entwicklungen, die sich in der Wirtschaft abzeichnen, als Kernergebnis dieses Buches festgehalten werden, dass die Reformen rund um Basel III zu den weitreichendsten der jüngeren Geschichte auf dem Finanzsektor gehören. Das hat entsprechend große Auswirkungen auf die Mittelstandsfinanzierung, die jetzt ein Umdenken bzw. neues unternehmerisches Handeln erforderlich machen, um die langfristige Wettbewerbsposition zu erhalten.

Praxisnahe Fachbeiträge für neue Finanzierungsformen

In diesem Sinne haben die fachlichen Darstellungen in den einzelnen Kapiteln praxisorientiert dazu beigetragen, Unternehmern neue Wege der bankenunabhängigeren Unternehmensfinanzierung aufzuzeigen. Im Folgenden sollen wesentliche Elemente und Aussagen kompakt festgehalten werden. Insgesamt muss oder sollte es auch bei bankenunabhängigeren Formen der Unternehmensfinanzierung darum gehen, die grundsätzliche unternehmerische Entscheidungsfreiheit nicht aufs Spiel zu setzen. Moderne Formen der Unternehmensfinanzierung, die bis dato kaum vom Mittelstand genutzt wurden, offenbaren darüber hinaus ein großes und öffentlichkeitswirksames Vermarktungspotenzial, das sich mit traditionellen Finanzierungswegen nicht nutzen ließe.

In Kapitel 4 wurde der Börsengang bzw. ein Listing im Freiverkehr als alternativer Finanzierungsweg für Unternehmen aufgezeigt. Besonders in diesem Segment ist der Aufwand geringer als am geregelten Markt. Der Aufwand dieses Finanzierungsweges lässt sich mit der Aufnahme von Fremdkapitel respektive dem Bewerben von Private-Equity-Investoren vergleichen. Der große Vorteil dieses Finanzierungsweges besteht letztlich darin, dass die unternehmerische Entscheidungsfreiheit weitestgehend unberührt bleibt. Etwaige Risiken und Missbrauchsfälle wurden beleuchtet. Zu betonen ist, dass ein aktives und zielorientiertes Management vonnöten ist. Zwar wird ein Listing oftmals als Qualitätsmerkmal wahrgenommen, dies ersetzt aber keine fundierte Auseinandersetzung mit den geltenden Einbeziehungsvoraussetzungen. Die im Buch detailliert ausgeführten Änderungen der Allgemeinen Geschäftsbedingungen der Deutschen Börse AG jedenfalls zeigen deutlich das Bestreben, einen attraktiven Marktplatz für kleine und mittelständisch geprägte Unternehmen mit dementsprechend geringen Einstiegshürden zu schaffen. Ein Börsengang respektive Listing sollte niemals unterschätzt oder als Selbstläufer angesehen werden, denn nur wenn alle Voraussetzungen erfüllt werden, kann das Ziel der Kapitalgenerierung realisiert werden.

Kapitel 5 hat in die beobachtbaren Missbrauchsrisiken bei der Unternehmensfinanzierung eingeführt. Eine zentrale Erkenntnis dürfte sein, dass vor allem Begriffsverwirrungen bei vielen Investoren dazu genutzt werden, um betrügerische Aktivitäten voranzutreiben. Die in diesem Buch vorgestellten Konzepte bzw. Finanzierungswege wie Open Market, SPACs oder Crowdfunding sind vielen Investoren nicht klar, sodass etwaige Risiken oder Gewinnchancen von vornherein falsch oder besser gesagt unrealistisch eingeschätzt werden. Die Schließung des FQB an der Frankfurter Börse mag als Anzeichen dafür gesehen werden, dass ein gewisses Maß an Kriminalität im Bereich der alternativen Unternehmensfinanzierung nicht zu leugnen ist. Daniel Fischer zeigt jedoch, dass Crime Due Diligence sowie insbesondere informative Marketingkampagnen Abhilfe schaffen können.

Mit Crowdfunding wurde in Kapitel 6 eine recht junge Finanzierungsform vorgestellt, die einer professionellen Begleitung von Experten bedarf. Über Plattformen können Unternehmen die finanziellen Kräfte der »Crowd« nutzen. Voraussetzung dafür ist aber eine offene und vertrauensbildende Kommunikation in der Startphase eines Projektes. Ein Blick auf die Unternehmenspraxis legt nahe, dass diese flexible Finanzierungsform mittelständischen Unternehmen insbesondere bei der Platzierung neuer Produkte alternative Wege eröffnen kann. Neue Produkte können finanziert und zugleich einer größeren Gruppe zugänglich gemacht werden, ebenso sind direkte Verkäufe über einen solchen Finanzierungsansatz denkbar. In Verbindung mit sozialen Aktivitäten bzw. Engagement ergibt sich gerade für kleine und mittelständische Unternehmen die Chance, öffentlichkeitswirksam zu agieren. In diesem noch sehr jungen Feld der alternativen Unternehmensfinanzierung werden sich in Zukunft attraktive Handlungsfelder ergeben, nicht zuletzt auch vor dem Hintergrund des Siegeszuges der sozialen Netzwerke.

Kapitel 7 hat mit SPACs innovative Finanzierungsmöglichkeiten für mittelständische Unternehmen vorgestellt. Die Darstellungen haben verdeutlicht, dass primär die Sichtweisen der (potenziellen) Investoren im Fokus stehen sollten. Die Gründung bzw. Übernahme von Gesellschaften samt Investorengewinnung jedenfalls wird neue Wege für die operative Zukunft des deutschen Mittelstandes eröffnen, wobei eine Börsennotierung grundsätzlich die Türen zur Kapitalmarktfinanzierung öffnet. In dieser Hinsicht sei auch Kapitel 8 erwähnt, das den Blick auf Mittelstandsanleihen als Finanzierungsalternative für Unternehmen gerichtet hat. Die Platzierung an regionalen Börsen ermöglicht es Unternehmen, ihre Präsenz vor Ort auszubauen und genau dort Investoren anzusprechen, wo diese sich selbst und unmittelbar ein Bild vom Unternehmen machen können. Der aktuell zu beobachtende Markterfolg von Mittelstandsanleihen liegt insbesondere in der Börsenfähigkeit begründet. Auch erweisen sich Mittelstandsanleihen als probates Mittel zur Diversifikation der Finanzierungsquellen. Insofern erscheint ein solcher alternativer Finanzierungsweg als strategisch vorausschauende Handlungsoption mit Blick auf die Folgen von Basel III. Ein Blick auf die Marktentwicklung zeigt zudem, dass das kraftvolle Potenzial von Kapitalmarktplatzierungen bis dato noch nicht voll ausgeschöpft werden konnte.

EU-Fördermittel erweisen sich als weitere alternative Finanzierungsmöglichkeit für mittelständische Unternehmen (Kapitel 9). Gerade diese Unternehmen sind in den letzten Jahren zunehmend in den Fokus der EU-Wirtschaftspolitik gelangt. Gemäß der Neuausrichtung im Kontext der Lissabon-Strategie im Jahr 2005 weist die Europäische Union insbesondere kleinen und mittelständischen Unternehmen in Bezug auf Wachstum und das Schaffen von Arbeitsplätzen eine Schlüsselrolle zu. Die Haushaltplanung bis 2020 zeigt, dass dieses Ziel in Form der finanziellen Förderung von kleinen und mittelständischen Unternehmen realisiert werden soll, um das Innovations- und Wachstumspotenzial insgesamt zu erhöhen.

Für betroffene Unternehmen gilt es, sich mit dieser (mitunter sehr bürokratischen) Materie zu befassen, um zusätzliche finanzielle Mittel einbinden zu können.

Kapitel 11 hat professionelle und gesetzlich vorgeschriebene Wertpapierprospekte als »lesbare Türöffner zu (inter)nationalen Kapitalmärkten« vorgestellt. Alle notwendigen Inhalte, Abläufe und formalen Anforderungen wurden detailliert und praxisnah umrissen. Die Platzierung von Anleihen eröffnet nicht nur neue finanzielle Gestaltungsspielräume, sie kann auch ein effizientes und imagewirksames Mittel sein, um den Bekanntheitsgrad eines kleineren Unternehmens zu erhöhen. Die Attraktivität dieses bankenunabhängigen Finanzierungsweges beruht in erster Linie auf den niedrigen Kosten und den großen Finanzierungsvolumina, die binnen kurzer Zeit nutzbar gemacht werden können. Ein erforderlicher Wertpapierprospekt kann und sollte nicht nur als formale Pflichterfüllung gesehen werden: Er bietet die Chance, Vertrauen zu schaffen und die Wachstumschancen eines Unternehmens einer großen Gruppe potenzieller Investoren näherzubringen. Direkt hieran knüpfen die Betrachtungen zum Handlungsfeld »Investor Relations« in Kapitel 12 an: Werden die Instrumente dieses strategisch bedeutsamen Handlungsfeldes professionell und zielgerichtet eingesetzt, so lässt sich eine wichtige Verbindung zu Stakeholdern nutzen, um die Bindung zu stärken, das Image zu verbessern und die Bekanntheit eines Unternehmens insgesamt zu fördern.

Mit dem Kompass in die Finanzierung: ein Plädoyer für die fachkompetente Beratung

Als handlungsorientiertes Fazit lässt sich mit Blick auf neue zu gehende Wege der Unternehmensfinanzierung vor allem eins festhalten: Insbesondere mittelständische Unternehmen sollten schnell handeln. Ein Blick auf die fachlichen Details zu den neuen Formen einer bankenunabhängigeren Unternehmensfinanzierung offenbart, dass aber nichts überstürzt werden darf. Zahlreiche strategische Aspekte müssen unternehmensspezifisch bedacht werden, um nicht mehr Schaden anzurichten, als betriebswirtschaftlichen

Nutzen zu stiften. Insofern sind Unternehmen gut beraten, die fachliche Unterstützung von Experten in Anspruch zu nehmen.

Warum es sich lohnt, fachlichen Rat von Experten einzuholen

Was das Listing im Freiverkehr angeht, sind insbesondere die Voraussetzungen professionell und detailliert zu planen, denn die Praxis zeigt, dass Fehleinschätzungen gravierende Folgen haben können. Viele Marktteilnehmer unterschätzen die erforderlichen Ressourcen respektive das erfolgskritische Know-how. Zudem sorgt der von einem mystischen Hauch umwehte Begriff »Börse« immer noch für Missverständnisse, sodass ein Listing per se oft als Qualitätsmerkmal verstanden wird. Das ist aber nicht der Fall. Mit zielgerichteten Anstrengungen jedoch können Unternehmen ein Listing zu einem finanziellen Erfolg werden lassen und gleichzeitig zur Steigerung des Images nutzen. Natürlich gilt es daher, alle gesetzlichen Regeln gewissenhaft zu erfüllen. Die Erfolgsrezepte jedoch stehen in keinem Gesetzbuch. Sie ergeben sich aus wertvoller Erfahrung, gewonnen durch zahlreiche begleitete Projekte. In diesem Sinne ist eine professionelle Beratung mit Blick auf ein angestrebtes Listing und die gleichzeitige Ausarbeitung eines Wertpapierprospektes alternativlos, falls es das primäre Ziel eines Unternehmens ist, neues Kapital zu generieren. Mit einem Wertpapierprospekt lassen sich attraktive Marketingchancen nutzen. Insofern darf es auf keinen Fall bloß zur formalen Pflichtübung degradiert werden.

Das Kapitel 8 zum Thema Mittelstandanleihen hat eindrucksvoll geschildert, dass dieser Finanzierungsweg große Chancen bietet, sofern er ganzheitlich angegangen wird. Die Platzierung solcher Anleihen setzt eine ernsthafte, detaillierte und zielfokussierte Analyse der unternehmensspezifischen Ausgangssituation voraus. Es zeichnet sich der klare Trend ab, dass es in Zukunft immer mehr auf die Qualität der Anleihen und daher auch der emittierenden Unternehmen ankommt, da auch in konjunkturell schwierigen Zeiten von Anlegern ein hohes Maß an Sicherheit gewünscht ist. Insofern kommt der strategischen Unternehmensführung in Zukunft mit Blick auf neue Wege der Unternehmensfinanzierung eine große

Bedeutung zu. Auch in dieser Hinsicht sind Unternehmen buchstäblich gut beraten, sich durch fachliche Expertise neue Impulse einzuholen – auch um der verkürzten Innensicht und Abschottung gegenüber der Außenwelt entgegenzuwirken.

Nicht zuletzt stellt sich die Frage nach dem Zugang zu EU-Fördermitteln, die eine externe Beratung attraktiv erscheinen lassen: Zwar wissen viele kleinere und mittelständisch geprägte Unternehmen, dass EU-Fördermittel grundsätzlich zur Verfügung stehen, doch praktische Probleme sind angesichts der schier unüberschaubaren Flut an Programmgruppen vorprogrammiert. Daher lassen viele Unternehmen unnötigerweise die Finger von diesen Finanzierungsquellen, obwohl sich mit externer Fachberatung der Antragsprozess um ein Vielfaches beschleunigen ließe. In jedem Falle können kleine und mittelständische Unternehmen in einer bankenunabhängigeren Zukunft auf finanzielle Ressourcen in diesem Bereich zählen, hat doch die EU die Wichtigkeit solcher Unternehmen für die Prosperität der EU erkannt und im Haushaltsbudget bis 2020 dementsprechend gewürdigt. Der Weg zu den beschriebenen Fördertöpfen bzw. Programmen wird wohl primär über eine Hausbank oder aber über Kooperationsinstitute der EIB-Gruppe führen. Eine stetige Betreuung bringt den großen Vorteil mit sich, dass der formale Antragsprozess professionell und zielführend begleitet wird.

Schließlich haben die Darstellungen zum Bereich Investor Relations gezeigt, dass professionelle externe Beratung in diesem Bereich zu imagewirksamen Zugewinnen und Steigerungen der Bekanntheit führen kann. Mit Blick auf die Situation im Mittelstand zeigt sich, dass auch mittelständische Unternehmen vermehrt versuchen, sich öffentlichkeitswirksam zu platzieren, um attraktive Vermarktungspotenziale zu nutzen. Als zukunftsorientierte und proaktive Antwort auf die Konsequenzen der Beschlüsse zu Basel III sollten sich Unternehmen mit einer ganzheitlichen IR-Strategie stärker in der (Kunden)Wahrnehmung platzieren. Damit können gleichzeitig auch potenzielle Investoren angesprochen werden, ganz zu schweigen von den Vermarktungschancen für Produkte und/oder Dienstleistungen, die sich daraus ergeben können. Die Betrachtungen zu den No-Gos zeigen aber auch hier, dass unüberlegte Schnellschüsse im Zweifelsfall mehr Schaden anrichten als

Nutzen stiften können. Gerade mittelständische Unternehmen, die sich infolge einer geänderten »Finanzierungsumwelt« auf neue, bankenunabhängigere Wege der Finanzierung begeben müssen, sollten dies nicht ohne professionelle Begleitung tun, zumal damit in keinster Weise die unternehmerische Entscheidungsfreiheit eingeschränkt wird. Ganz im Gegenteil: Durch externe Impulse ergeben sich oft neue Denkanstöße und Handlungsspielräume, die sich im eigenen, durch die Unternehmensspezifika definierten »Denkkosmos« nie ergeben würden.

»Wir können nicht alles tun, aber wir müssen tun, was wir können.«

*William »Bill« Clinton (*1946), 42. Präsident der USA (1993–2001)*

Der Anspruch dieses Buches ist, Lesern, Interessenten und in erster Linie Unternehmern und Entscheidungsträgern deutlich zu machen, dass die Konsequenzen der Beschlüsse rund um Basel III als Chance verstanden werden sollten, einer drohenden Kreditklemme zu entgehen und sich insgesamt unabhängiger von einer tendenziell unsichereren und teureren Kreditfinanzierung zu machen. Dass diese neuen Wege eher eine Chance als eine Bedrohung sind, zeigen die handfesten Vorzüge einzelner im Buch dargestellter Finanzierungsformen ganz deutlich: Wer mit fachlich versierter und von der Unternehmenspraxis legitimierter Beratung eine zukunftsorientierte Weichenstellung trifft und mögliche Risiken strategisch aktiv managt, kann mit mutigen Entscheidungen zu neuen Wegen der Unternehmensfinanzierung maßgeblich zu einer langfristigen Solidität sowie einer nachhaltigen Wachstumsstrategie beitragen.

Dieses Buch hat anschaulich und praxisnah gezeigt, in welchem Stadium sich neue Instrumente der Unternehmensfinanzierung befinden und welche Chancen und Risiken damit insbesondere für den deutschen Mittelstand verbunden sind. Nun ist es an den Entscheidungsträgern, ihr Unternehmen für die Zukunft unter Zuhilfenahme professioneller Beratung bestmöglich aufzustellen und mit optimalen strategischen Entscheidungen auf die sich geänderten Umfeldbedingungen langfristig einzustellen.

Die Autoren

Dipl.-Betriebswirt (B.A.) Christopher A. Runge, Geschäftsführer der R&R Unternehmensgruppe

Die R&R Unternehmensgruppe mit Sitz in Berlin und Dependancen in Zürich und London ist eine Unternehmensberatungsgruppe mit Kernkompetenzen in den Bereichen Unternehmensfinanzierung (Schwerpunkt Börsengänge sowie Unternehmensanleihen), Reputationsmanagement und Strategieberatung.

Die zahlreichen Referenzen der R&R Unternehmensgruppe zeigen, dass das Expertenteam unter der Führung von Christopher A. Runge mit großer Kontinuität und einem hohen Maß an Zukunftsorientierung optimale Lösungen mit Blick auf spezifische unternehmerische Herausforderungen entwickelt.

Herr Runge berät mit großer Leidenschaft Unternehmen mit Blick auf zukunftsgerichtete strategische Fragestellungen und er hält regelmäßig Vorträge zum aktuellen Thema *alternative Wege der Unternehmensfinanzierung*. Zu diesem erfolgskritischen Themenfeld der zukünftigen Unternehmensführung zeigt Herr Runge in diesem Buch praxisrelevante Handlungsoptionen auf, die durch die tägliche Arbeit des Expertenteams der R&R Unternehmensgruppe sowie durch die rege Zusammenarbeit mit wissenschaftlichen Institutionen eine zusätzliche Fundierung erfahren.

Prof. Dr. Martin Užík, Professor für Wirtschaftswissenschaften

Prof. Dr. Martin Uzik, in der Slowakei geboren, studierte Ökonomie an der Ökonomischen Universität in Bratislava und an der Bergischen Universität in Wuppertal, wo er sein Studium mit Prädikat beendete. Berufliche Erfahrungen sammelte er in der Financial Services Branche und promovierte nebenberuflich zum Thema »Capital Asset Pricing Model«. Nach seiner Promotion habilitierte er sich zum Thema der Bewertung der »Intangible Assets«.

Seit dem Wintersemester 2011/2012 hat Prof. Dr. Martin Užík die Professur für betriebliche Finanzierungs- und Investitionspolitik an der HWR in Berlin inne.

Konstantin von Reden-Lütcken, MBA, Rechtsanwalt

Konstantin von Reden-Lütcken ist Rechtsanwalt in, Berlin sowie Verwaltungsratspräsident der SilverEagleConsulting AG, St. Gallen. Herr von Reden-Lütcken hat in den letzten drei Jahren zahlreiche Unternehmen im Freiverkehr beraten, sie während des Börsenlistings begleitet und danach weiter rechtlich sowie teilweise strategisch beratend betreut. Dabei hat sich Herr von Reden-Lütcken ausführlich mit den Hintergründen des Freiverkehrs als Handelsplattform und Instrument zur Kapitalgenerierung für Unternehmen aus der ganzen Welt beschäftigt.

Prof. Dr. Daniel Fischer, Rechtsanwalt CFE, Mediator SAV

Prof. Dr. Daniel Fischer ist Gründer und Seniorpartner der Kanzlei Fischer & Partner mit Sitz in Zürich, Bern und Zug. Seine 25-jährige Berufserfahrung formten ihn als eloquenten Berater und sehr erfolgreichen Prozessanwalt dessen Tätigkeitsschwerpunkte u. a. in den Bereichen Banken- und Finanzmarktrecht sowie Crime Due Diligence Prüfungen liegen.

Rechtsanwalt Fischer ist Autor verschiedener Publikationen und war Präsident zahlreicher schweizerischer Vereinigungen sowie in gesellschaftspolitischen Gremien tätig.

Dirk Lehmann, Master of International Taxation (M.I.Tax), Dipl.-Kaufmann (FH), Steuerberater, Fachberater für Internationales Steuerrecht

Dirk Lehmann ist Steuerberater und Partner der mittelständischen Steuerberater- und Wirtschaftsprüferkanzlei Wagemann + Partner, mit Sitz in Berlin und Hamburg. Als Master of International Taxation und Fachberater für Internationales Steuerrecht ist einer seiner Beratungsschwerpunkte das Internationale Steuerrecht. Er organisiert und moderiert regelmäßig Fachveranstaltungen zum Internationalen Steuerrecht, zum Beispiel für die Cross Border Tax & Tansfer Pricing Group der internationalen Assoziation Integra-International, der weltweit über 100 Steuerberater- und Wirtschaftsprüferkanzleien angehören.

Anhang

Glossar

1 Rundschreiben Open Market Nr. 05/11 vom 20. Dezember 2011 der Deutsche Börse AG (01.01.2012 von http://deutsche-boerse.com).

2 Reden-Lütcken, Frankfurter Allgemeine Zeitung, 16.02.2011, S. 19.

3 Rundschreiben Open Market Nr. 04/11 April 2011 der Deutsche Börse AG (01.01.2012, http://deutsche-boerse.com).

4 03.01.2012, http://deutsche-boerse.com

5 Ebd.

6 Open-Market-Rundschreiben 03/2007 vom 31. Oktober 2011 (01.01.2012; http://deutsche-boerse.com).

7 Ziff. 2 des Open Market Rundschreiben 05/2008 vom 12. September 2008 (01.01.2012; http://deutsche-boerse.com).

8 Open-Market-Rundschreiben 08/2008 (01.01.2012; http://deutsche-boerse.com).

9 Das Mindestkapital für Aktiengesellschaften ist gemäß Artikel 621 des Schweizer Obligationenrechts (OR) CHF 100.000. Der Nominalwert je Aktie muss gemäß Artikel 622 Satz 4 OR nur mindestens einen Rappen betragen. Nach deutschem Aktienrecht müssen Aktien einen Mindestnominalwert von 1,00 Euro haben.

10 Open-Market-Rundschreiben 04/2009 (01.01.2012; http://deutsche-boerse.com).

11 Open-Market-Rundschreiben 08/2009 (01.01.2012; http://deutsche-boerse.com).

12 OTC heißt »over the counter« und meint damit eigentlich den außerbörslichen Handel, der aber durch zahlreiche OTC-Plattformen auch über elektronische Handelssysteme abgewickelt werden kann.

13 Open-Market-Rundschreiben 01/11 (01.01.2012; http://deutsche-boerse.com).

14 Siehe Fn. 2.

15 Siehe Fn. 2.

16 Freiverkehrsrichtlinien der Baden-Württembergischen Wertpapierbörse mit Stand vom 1.11.2008.

17 Geschäftsbedingungen für den Freiverkehr an der Baden-Württembergischen Wertpapierbörse vom 07.11.2011 (03.01.2012; https://www.boerse-stuttgart.de/de/boersenplatzstuttgart/regelwerke/regelwerkedetails/geschaeftsbedingungenfreiverkehr.html).

18 § 9 Abs. (3) der Geschäftsbedingungen für den Freiverkehr an der Baden-Württembergischen Wertpapierbörse in der Fassung vom 07.11.2011.

19 Geschäftsbedingungen für den Freiverkehr der Berliner Börse AG in der Fassung vom 24.10.2011 (03.01.2011; http://www.boerse-berlin.de/index.php/Boerse_Berlin/Regularien).

20 Dies lag allerdings daran, dass die Deutsche Börse AG Schweizer Unternehmen seit Anfang 2010 gar nicht mehr zum First Quotation Board zugelassen hatte.

21 Ich danke Anja Hausmann für die Unterstützung und Anregung beim Verfassen dieses Beitrags.

22 Due Diligence bezeichnet die gebotene Sorgfalt, mit der beim Kauf oder Verkauf von Unternehmungsbeteiligungen, Immobilien oder einem Börsengang das Kaufobjekt im Vorfeld der Akquisition oder des Börsengangs geprüft wird; Fischer, Daniel: *Crime Due Diligence – Eine Verdachtsschöpfungsstrategie*, S. 218. Berens, Wolfgang/ Brauner, Hans U./ Strauch, Joachim (Hrsg.): *Due Diligence bei Unternehmensakquisitionen*, 4. Aufl., 2005, S. 75.

23 Der eigentliche Börsenreifetest setzt sich grundsätzlich aus verschiedenen Einzelschritten zusammen. Ein solcher ist vor einem Börsengang notwendig.
- Zusammenfassung der internen Unternehmensdaten und -zahlen
- Branchen-, Produkt- und Wettbewerbsanalyse
- Peer-Group-Vergleich mit schon börsennotierten Unternehmen
- Aktuelles Börsenumfeld, Trends und Bewertungen
- Unternehmensbewertungen nach verschiedenen Methoden
- Stärken-Schwäche-Analyse

Börsi, Konrad: *Praxis des Börsengangs. Ein Leitfaden für mittelständische Unternehmen*, Wiesbaden 2004, S. 47 ff.

24 Amerikanische Handelsplattform, auf der außerbörsliche Handelsgeschäfte (Over The Counter – OTC) festgehalten werden; http://boerse.ard.de

25 Nicht amtliches deutsches Marktsegment, in dem neben einigen deutschen Aktien überwiegend ausländische Aktien und Optionsscheine gehandelt werden; http://www.boerse-frankfurt.de

26 Der Alternative Investment Market (AIM) wurde im Juni 1995 von der London Stock Exchange mit der Zielrichtung auf kleine Unternehmen eingerichtet. Beim AIM bestehen keine Leistungsbedingungen, die an die Größe bezüglich Grundkapital

und Umsatz, die Aktionärsstruktur oder die vergangene Berichterstattung anknüpfen; xBehrens, Gary Alexander; *Risikokapitalbeschaffung und Anlegerschutz im Aktienrecht und Kapitalmarktrecht, Band 38*, Münster 2003, S. 59.

27 Einzige Börse Frankreichs in Paris; das Unternehmen wird seit 2000 von NYSE Euronext betrieben.

28 Special purpose acuisition company.

29 Garrod, Douglas R., Watkins, Elizabeth A.: *Vancouver Stock Exchange*, 1990.

30 Ging aus der Vancouver Stock Exchange (VSE) und der Alberta Stock Exchange (ASE) hervor; Hillmer, Norman & Johnston, William: *The Canadian Encyclopedia.*

31 Matkin, James: High Risks, Don't Deter U.S. Funds From Vancouver Deals, *New York Times*, August 8, 1994.

32 FINMA Medienmitteilung vom 24. November 2011 – FINMA warnt vor illegalen und betrügerischen Finanzintermediären; http://www.finma.ch/d/aktuell/Seiten/mm-bericht-kundenschutz-20101124.aspx

33 Siehe Fn. 5.

34 First Quotation Board und Second Quotation Board strukturierten den Open Market. Im First Quotation Board wurden alle Unternehmen aufgenommen, die ihre Erstnotiz im Open Market (Freiverkehr der FWB® Frankfurter Wertpapierbörse) haben. Es richtete sich an nationale und internationale Unternehmen, die eine kosteneffiziente und schnelle Einbeziehung ihrer Aktien in den Handel wünschen; http://deutsche-boerse.com

35 Rundschreiben Open Market 05/11; Deutsche Börse Group Xetra; Freiverkehr (Open Market) – Einbeziehung in First Quotation Board.

36 Siehe Fn. 13.

37 Dt. Schwarmfinanzierung

38 http://www.faz.net/aktuell/finanzen/fonds-mehr/crowdfunding-die-internetfinanzierer-schwaermen-aus-11812554.html

39 Internetbasiertes Sammeln von Finanzierungsbeiträgen einer Vielzahl an Investoren zur Finanzierung von Start-up-Unternehmen. Überblick über den deutschen Crowdinvesting-Markt, Dr. Lars Hornuf, LMU München.

40 http://www.manager-magazin.de

41 http://xetra.com/xetra/dispatch/de/kir/navigation/xetra/100_market_structure_instruments/100_instruments/600_SPAC

42 http://deutsche-boerse.com/INTERNET/MR/mr_presse.nsf/0/ a8a7abfed7805799c12578da003592ad?OpenDocument&lang= de&Click=

43 https://www.boerse-stuttgart.de/files/mittelstandsanleihen_eine_echte_anlagealternative_080812_final.pdf

44 Siehe Fn. 5.

45 Siehe Fn. 8.

46 Bei kapitalgeschützten Produkten handelt es sich um Anlageinstrumente, die einen partiellen oder vollen Kapitalschutz auf das investierten Kapital gewähren und zusätzlich die Partizipation an einem Basiswert ermöglichen; Fischer, Daniel: »Irreführungen im Kapitalmarkt«, erschienen in: *Finanz und Wirtschaft* 05/2010, S. 3.

47 Grundsätzlich verfolgt der Absolute-Return-Ansatz das Ziel, sowohl bei steigendem als auch bei fallenden Märkten

Erträge zu erwirtschaften (= Gewinne in allen Marktsituationen); s. Fn. 19.

48 http://www.derboersianer.com/wissen/boerse/boerse_allgemein.html

49 Siehe Fn. 5.

50 Der außerbörsliche Handel, auch Freiverkehrs- oder OTC-Handel, bezeichnet finanzielle Transaktionen zwischen Marktteilnehmern, die nicht über die Börse abgewickelt werden. OTC steht dabei für den englischen Begriff »**O**ver **T**he **C**ounter", was mit »*über den Tresen*" übersetzt werden kann. Der OTC-Handel heißt auf Deutsch Telefonhandel, auch wenn er heute überwiegend auf elektronischem Wege abläuft; Schoder, C., & Pirklbauer, S.: Die politischen, wirtschaftlichen und sozialen Schieflagen aus dreißig Jahren neoliberaler Finanzmärkte. In: Blaschek, Beate: *Crash statt Cash*. Wien 2008, S. 15.

51 Securities and Exchange Commission; das ist die oberste Wertpapier- und Börsenkommission der USA, die den gesamten US-Wertpapiermarkt beaufsichtigt; http://de.mimi.hu/borse/sec.html

52 Pink Sheets ist eine von der privaten Pink Sheets LLC betriebene außerbörsliche Plattform für Over-The-Counter (OTC)-Wertpapiere in den USA. Die dort geführten Titel müssen weder gesetzliche Mindestanforderungen erfüllen noch bei der SEC registriert sein, weshalb Geschäfte mit Pink-Sheets-Titeln als äusserst riskant gelten; http://de.mimi.hu/borse/sec.html

53 OTCQX-Markt bietet US-Investoren eine Handelsplattform, die einfachen Zugang zu ausländischen Unternehmen ermöglicht und einen transparenten Handel sowie eine umfassende Informationsversorgung garantiert; www.nanostart.de

54 Richtlinie, ABL. L96, 16, 16.

55 http://www.multilingualarchive.com

56 Lenzen, Ursula: Reform des Rechts zur Verhinderung der Börsenkursmanipulation, *WM* 2000, 1131. 1131; Watter, Rolf: Kursmanipulation am Aktienmarkt unter Berücksichtigung von sogenannten Stützungskäufen, *SZW*, 1990, 193, 195.

57 Gogolin, Jana: *Die Regelungen zur Kursmanipulation insbesondere nach dem 4. FinanzmarktförderungsG,* 2003, S. 2.

58 Lenzen, Ursula: *Unerlaubte Eingriffe in die Börsenkursbildung,* Diss., Frankfurt am Main, Berlin, Bonn, 2000, S. 7; Weber, Martin: Kursmanipulationen am Wertpapiermarkt, *NZG* 2000, 113, 113–114.

59 Siehe Fn. 14.

60 Möller, Andreas: Die Neuregelung des Verbots der Kurs- und Marktpreismanipulation im Vierten Finanzmarktförderungsgesetz, *WM* 2002, 309, 310; Weber, *NZG* 2000, 113 (116).

61 »Wer als Mitglied des Verwaltungsrates, der Geschäftsleitung, der Revisionsstelle oder als Beauftragter einer Aktiengesellschaft oder einer sie beherrschenden oder von ihr abhängigen Gesellschaft, als Mitglied einer Behörde oder als Beamter, als Hilfsperson einer der vorgenannten Personen, sich oder einem andern einen Vermögensvorteil verschafft, indem er die Kenntnis einer vertraulichen Tatsache, deren Bekanntwerden den Kurs von in der Schweiz börslich oder vorbörslich gehandelten Aktien, andern Wertschriften oder entsprechenden Bucheffekten der Gesellschaft oder von Optionen auf solche in voraussehbarer Weise erheblich beeinflussen wird, ausnützt oder die Tatsache einem Dritten zur Kenntnis bringt …«, Art. 161 Ziff. 1 StGB.

62 http://www.aktien-depot.de/front-running/aktien-depot-boerse-front-running.htm

63 Richtlinie, Abl L 96, 16, 20; Möller WM 2002, 309, 313.

64 Entwurf, ZBB 2002, 144, 157; Möller, WM 2002, 309, 313; Watter, SJZ 1990, 193, 196.

65 Siehe Fn. 22.

66 Lenzen, 2000, S. 11.

67 Weber, Martin: Scalping – Erfindung und Folgen eines Insiderdelikts, *NJW* 2000, S. 562.

68 Weber, S.563.

69 Siehe Fn. 8.

70 http://www.onlinewelten.com/games/crowdfunding/news/gefaktes-gaming-projekt-namens-mythic-erster-betrugsfall-kickstarter-aufgedeckt-113438/

71 Namhafter Onlinespiele-Entwickler.

72 http://www.rockpapershotgun.com/forums/showthread.php?3301-Kickstarter-et-alia&p=122329&viewfull=1#post122329

73 Die Crime Due Diligence-Theorie wurde 2003 erstmals vorgestellt und seither fortlaufend weiterentwickelt und verbessert. Sie hat viele Verbrechen verhindert und ist praxiserprobt. Detaillierter wird sie bei Fischer, Daniel, in: Siegwart, Hans: *Finanz- und Rechnungswesen,* Jahrbuch 2003, S. 208, sowie in Siegwart, Hans & Mahari, Julian: *Management & Law*, 2003, S. 361 ff., S. 208 f., und auf http://www.swiss-advocate.com unter Aktuell / Publikationen dargestellt.

74 Das Vertrauen der Opfer wird erschlichen, wenn der »Brand« einer weltbekannten Unternehmung nachgeahmt wird, sodass auf den ersten Blick der Unterschied zum Original nicht ersichtlich ist. Auch pompöse Briefköpfe, die leicht mit einem Laserdrucker nachzumachen sind, sollten per se zur Vorsicht mahnen. Häufig kopierte Firmen sind Llloyd's alias Lloyds, Rotschild alias Rothschild, Capital Suisse alias Credit Suisse, United Bank of Switzerland alias UBS AG oder als aktuelles Beispiel der als betrügerisch geltende Investmentfond OPEC Fund in Mexiko, der in keiner Beziehung zur OPEC steht. In letzter Zeit werden vermehrt auch religiöse Institutionen in betrügerischer Absicht nachgeahmt, Fischer, Daniel: *Crime Due Diligence – Eine Verdachtsschöpfungsstrategie*, Bern 2003, S. 224.

75 Fischer, Daniel (Fn 21), S. 7.

76 Ebd.

77 http://www.swiss-advocate.com/assets/files/Handelszeitung_swiss-fe-klage-gegen-berner-boerse.pdf

78 Müller, Rudolf, Wabnitz, Heinz-Bernd, & Janovsky, Thomas: *Wirtschaftskriminalität. Eine Darstellung der typischen Erscheinungsformen mit praktischen Hinweisen zur Bekämpfung*, 4. Aufl., München 1997, S. 260.

79 Fischer, Daniel (Fn 21), S. 7.

80 Fischer, Daniel, *Crime Due Diligence – Eine Verdachtsschöpfungsstrategie*, S. 224.

81 »Manipulierte Aktienkurse«, Fischer, Daniel, *Strafrechtliche Streiflichter*, Teil V, *New Ecocrime und New Economy*, S. 368.

82 Lenin, Werke Band 20: Sinngemäße Äußerung: »Nicht aufs Wort glauben, aufs Strengste prüfen«, also: »Vertrauen ist gut, Kontrolle ist besser.«

83 Fischer Daniel (Fn 12), S.225.

84 Fischer Daniel (Fn 12), S.224.

85 Fischer Daniel (Fn 12), S. 225.

86 Kube, E.: Organisierte Kriminalität: Die Logistik als Präventionsansatz, Ansätze für proaktive Maßnahmen, *Kriminalistik* 44 (1990) S. 632.

87 Fischer, Daniel (Fn 12), S. 226.

88 Ders, S. 227.

89 Ebd.

90 Beispiele: http://www.standardandpoors.com; http://www.moodys.com; http://www.fitchratings.com

91 Fischer, Daniel (Fn 12), S. 228.

92 Unerwünschte Telefonwerbung.

93 Fall Boiler Room; Fischer, Daniel: *Strafrechtliche Streiflichter*, Teil V, New Ecocrime, S. 383 f.

94 Fischer, Daniel (Fn 12), S. 228.

95 Thommen, Jean-Paul: *Managementorientierte Betriebswirtschaftslehre*, 6. Aufl. Zürich 2000, S. 626.

96 Vgl. dazu: Glining, M.: *International Financial Fraud. Bogus Banking: Organised Fraudsters Inflict Billion Dollar Losses*, Salzburg 1996, S. 20 f.

97 Fischer, Daniel (Fn 12), S. 232.

98 Ebd., S. 231.

99 Ebd., S. 230.

100 Ebd.

101 Ebd.

102 Ebd., S. 231.

103 Ebd., S. 246.

104 Wohltätigkeitsmodul: Es wird behauptet, dass ein bestimmter Prozentsatz der Anlage zwingend für Wohltätigkeitsprogramme verwendet werden muss, die jedoch fiktiv sind. Internet-Chartmodul: Die Performance eines Titels ist ausschließlich auf dem Internet kontrollierbar. Absatzkanalmodul: Finanzderivate, die auf ungewöhnlichen Absatzkanälen (Internet/Privatpersonen) angeboten werden. Globalisierungsmodul: Eine Finanztransaktion läuft über Staaten, die in dieser Zusammensetzung keinen wirtschaftlich nachvollziehbaren Sinn ergeben.

105 Simon, H., 2010, S. 219, und Rosen, R., 2008, S. 3.

106 Rosen, R., 2008, S. 3.

107 Vgl. Simmat, U., & Siebert, J., 2010, S. 14.

108 Vgl. Simon, H., 2010, S. 220.

109 Vgl. Schweizer, D., & Mietzner, M., 2009, S. 54.

110 Vgl. Simmat, U., & Siebert, J., 2010, S. 13.

111 Simon, H., 2010, S. 222.

112 Vgl. Seiler, O., & Just, C., 2008, S. 18. Vgl. zum Reverse Merger exemplarisch Sjostrom, W. K., 2008, S. 744–755 sowie Seppelfricke, P., & Seppelfricke, J., 2001, S. 581–592.

113 Vgl. Simmat, U., & Siebert, J., 2010, S. 13.

114 Vgl. Ebd.

115 Vgl. Röder, K., & Walkshäusl, C., 2008, S. 641. Vgl. zum Thema des Anlagebetrugs durch Blank Check Gesellschaften in den USA ausführlich Riemer, D. S., 2007, S. 934–940.

116 Vgl. Jenkinson, T., & Sousa, M., 2009, S. 2.

117 Vgl. Harrer, H., & Janssen, U., 2009, S. 46.

118 Vgl. Simmat, U., & Siebert, J., 2010, S. 14.

119 Vgl. Röder, K., & Walkshäusl, C., 2008, S. 642.

120 Vgl. Harrer, H., & Janssen, U., 2009, S. 46.

121 Vgl. Simmat, U., & Siebert, J., 2010, S. 14.

122 Vgl. Ebd.

123 Vgl. Harrer, H., & Janssen, U., 2009, S. 46.

124 Vgl. Röder, K., & Walkshäusl, C., 2008, S. 642.

125 Vgl. Simmat, U., & Siebert, J., 2010, S. 15.

126 Vgl. Röder, K., & Walkshäusl, C., 2008, S. 643.

127 In Anlehnung an Simmat, U., & Siebert, J., 2010, S. 17.

128 Vgl. Simmat, U., & Siebert, J., 2010, S. 17.

129 Vgl. Internetseite der Investment-Boutique EarlyBird Capital,. Verfügbar unter http://www.earlybirdcapital.com/offerings.html. Vgl. auch Röder, K., & Walkshäusl, C., 2008, S. 641.

130 Vgl. Homepage von SPAC Analytics, verfügbar unter http://www.spacanalytics.com

131 Vgl. Lewellen, S. M., 2009, S. 2.

132 Vgl. Röder, K., & Walkshäusl, C., 2008, S. 642.

133 Vgl. Internetseite von SPAC Analytics, verfügbar unter http://www.spacanalytics.com.

134 Quelle: SPAC Analytics. Die Daten enthalten alle SPAC-IPOs bis einschließlich 31.12.2010.

135 Vgl. Internetseite von SPAC Analytics per 31.08.2010, verfügbar unter http://www.spacanalytics.com

136 Vgl. Pressemitteilung der NYSE Euronext vom 06.02.2008, verfügbar unter http://www.nyse.com/press/1202296397730.html

137 Vgl. Schweizer, D., & Mietzner, M., 2009, S. 54.

138 Vgl. Lahnstein, F., Homann, F., 2010, S. 38.

139 Vgl. Ebd.

140 Vgl. Ebd.

141 Vgl. Simmat, U., & Siebert, J., 2010, S. 13.

142 Vgl. Werner, T., 2008, S. 139.

143 Vgl. Kontrec-Goedecke, M., 2010, S. 41.

144 Vgl. Börse Stuttgart (Hrsg.), 2012, S. 2.

145 Vgl. Boerse Stuttgart AG; Deloitte & Touche GmbH; Fachhochschule Münster (Hrsg.). (2012), S. 4.

146 Structured Solutions AG (Hrsg.) 2011, S. 3.

147 Vgl. Boerse Stuttgart AG; Deloitte & Touche GmbH; Fachhochschule Münster (Hrsg.). 2012, S. 4, sowie Balz, U., Bordemann, & H.-G.; Fangmeyer, C. (2012).

148 Vgl. Bösl, K., & Hasler, P. T., 2012, S. 14.

149 Vgl. Boerse Stuttgart AG; Deloitte & Touche GmbH; Fachhochschule Münster (Hrsg.). (2012), S. 4.

150 Vgl. Bösl, K.; Hasler, P. T., 2012, S. 11 f.

151 Vgl. Proventis Corporate Finance und M&A Advisory Services (Hrsg.), 2013.

152 Vgl. Balz, U.; Bordemann, H.-G.; Fangmeyer, C., 2012.

153 Vgl. Teske, B., 2012.

154 Vgl. Boerse Stuttgart AG; Deloitte & Touche GmbH; Fachhochschule Münster (Hrsg.). (2012), S. 4.

155 Vgl. Ebd., S. 15.

156 Vgl. Ebd., S. 11, sowie Balz, U., Bordemann, H.-G., & Fangmeyer, C., 2012.

157 Vgl. Boerse Stuttgart AG; Deloitte & Touche GmbH; Fachhochschule Münster (Hrsg.). (2012), S. 4, sowie Balz, U., Bordemann, H.-G., & Fangmeyer, C., 2012.

158 Vgl. Boerse Stuttgart AG; Deloitte & Touche GmbH; Fachhochschule Münster (Hrsg.). (2012), S. 15.

159 Vgl. Proventis Corporate Finance und M&A Advisory Services (Hrsg.), 2013.

160 Vgl. Börse Stuttgart (Hrsg.) (2012), S. 2.

161 Vgl. von Livonius, H. (2012), S. 39.

162 Ebd., S. 41.

163 Vgl.Ebd., S. 41.

164 Vgl. Ebd., S. 42.

165 Vgl. Proventis Corporate Finance und M&A Advisory Services (Hrsg.), 2013.

166 Vgl. von Livonius, H. (2012), S. 44.

167 Vgl. Ebd., S. 45.

168 Vgl. Ebd., S. 46–48.

169 Vgl. Börse Stuttgart (Hrsg.) (2012), S. 3.

170 Vgl. Ebd., S. 5.

171 Vgl. Ebd., S. 6.

172 Vgl. Ebd., S. 7.

173 Vgl.Ebd., S. 8.

174 Vgl. Teske, B., 2012; Momentan steht der Bondm bei 93,66 Zählern (Stand 18.10.2013).

175 Vgl. Teske, B. (2012).

176 Vgl. Ebd.

177 Vgl. Ebd.

178 Vgl. Ebd.

179 Die Übersicht wurde von der Conpair AG erstellt.

180 Vgl. Proventis Corporate Finance und M&A Advisory Services (Hrsg.), 2013.

181 Bösl, K., & Hasler, P. T., 2012, S. 20.

182 Vgl. KOM(2007) 592, S. 3.

183 Vgl. KOM(2007) 592, S. 10.

184 http://www.eif.org/what_we_do/

185 Vgl. http://www.ecb.europa.eu/pub/pdf/other/accesstofinancesmallmediumsizedenterprises201304en.pdf?d96c409bd10c9308206e632f9253e54e, S. 4.

186 Vgl. KOM(2011) 870, S. 1.

187 KOM(2011) 870, S. 1.

188 Vgl. KOM(2011) 870, S. 9f.

189 Vgl. http://www.bmwi.de/DE/Themen/Mittelstand/Mittelstandspolitik/europaeische-mittelstandspolitik,did=511490.html

190 Zum aktuellen Gesetzgebungsstand: http://www.europarl.europa.eu/oeil/popups/ficheprocedure.do?lang=en&reference=2011/0394(COD)

191 Verordnung 2011/0394 (COD), Erwägungsgrund 11.

192 KOM(2011) 834/2, S. 2.

193 Vgl. http://www.ecb.europa.eu/pub/pdf/other/accesstofinancesmallmediumsizedenterprises201304en.pdf?d96c409bd10c9308206e632f9253e54e, S. 4.

194 Ziele COSME: KOM(2011) 834/2, S. 4.

195 Zur Vereinfachung vgl. KOM(2011) 834/2. S. 8.

196 Vgl. KOM(2011) 834/2. S. 9.

197 Vgl. KOM(2011) 834/2. S. 8.

198 Vgl. Verordnung 2011/0394 (COD), Artikel 13–14.

199 Vgl. http://www.forschungsrahmenprogramm.de/horizont2020.htm

200 Vgl. http://www.eib.org/infocentre/press/news/stories/2013-may-01/providing-finance-to-smaller-businesses.htm.

201 Anlaufstellen für Deutschland: http://een.ec.europa.eu/about/branches/DE/

202 Liste Deutscher Kooperationspartner: http://www.eib.org/attachments/lending/inter_de.pdf.

203 Vgl. http://www.eif.org/

204 http://www.eif.org/what_we_do/

205 Liste der Kooperationsfonds: http://www.access2finance.eu/en/Attachments/List_of_Deals_28_04_2010.pdf

206 http://ec.europa.eu/cip/eip/access-finance/index_en.htm

207 http://www.eif.org/what_we_do/equity/venture/index.htm

208 Vgl. Institut für Mittelstandsforschung, Auswertung Umsatzsteuerstatistik, http://www.ifm-bonn.org/

209 Vgl. BMF Schreiben vom 18.02.1998, BStBl I 98, 212.

simplified

Register

Risiko- und Money-Management simplified

Wieland Arlt

Für jeden Trader ist ein professionelles Risiko- und Money-Management unverzichtbar, um Trading-Ergebnisse dauerhaft und nachhaltig zu verbessern. Im Eifer des Tradings wird das oft vernachlässigt. Deshalb stellt Wieland Arlt in seinem Buch einfache Methoden vor, die in der Praxis mit wenig Aufwand umzusetzen sind.

Er stellt für unterschiedliche Handelsstile verschiedene Konzepte vor, sodass kurz- und mittelfristig orientierte Trader von der Planung eines Trades bis hin zur Wahl des passenden Finanzproduktes individuell begleitet werden. Wieland Arlt gibt praxisnahe Hinweise und demonstriert, dass ein professionelles Risiko- und Money-Management Tradingerfolg planbar macht.